Mi casa es el mundo

Primera edición: septiembre de 2018

Diseño de colección: Pedro Viejo
Diseño de cubierta: Taller de los Libros

Publicado por Kitsune Books
C/ Aragó, n.º 287, 2.º 1.ª
08009, Barcelona
info@kitsunebooks.org
www.kitsunebooks.org

ISBN: 978-84-16788-22-4
IBIC: VX
Depósito Legal: B 22320-2018
Preimpresión: Taller de los Libros
Impresión y encuadernación: Black Print
Impreso en España – *Printed in Spain*

Mi casa es el mundo

Historias y enseñanzas esenciales
de un monje budista

Thich Nhat Hanh

Traducción
Sonia Tanco

Kitsune
Books

«Enseñar no solo consiste en hablar. Se basa también en tu forma de vivir la vida. Mi vida es mi enseñanza. Mi vida es mi mensaje».

Thich Nhat Hanh

Índice

3 El florecimiento de Plum Village

Mi casa es el mundo

En 1968, durante la guerra de Vietnam, viajé a Francia para representar a la Delegación Budista vietnamita por la Paz durante los acuerdos de París. Nuestro cometido era acudir en representación del pueblo vietnamita, cuyas voces estaban siendo ignoradas, y manifestar nuestro rechazo a la guerra. Había viajado a Japón para dar una conferencia pública y, en el vuelo de vuelta, hice una parada en Nueva York para visitar a mi amigo Alfred Hassler del Movimiento Internacional de Reconciliación, una organización que trabajaba enérgicamente para poner fin a la guerra y promover la justicia social. Pero no tenía un visado de tránsito, así que cuando aterricé en Seattle me llevaron a parte y me encerraron en una sala en la que no me dejaron ver o hablar con nadie. Las paredes estaban cubiertas de carteles de «se busca» con fotos de delincuentes. Las autoridades me quitaron el pasaporte y no permitieron que me pusiera en contacto con nadie. No me lo devolvieron hasta horas más tarde, cuando mi vuelo estaba a punto de salir, y me escoltaron hasta el avión.

Dos años antes, en 1966, me encontraba en Washington D. C. para dar una conferencia cuando un periodista del *Baltimore Sun* me informó de que había llegado un mensaje desde Saigón. En él se recomendaba a los gobiernos de Estados Unidos, Francia, Reino Unido y Japón que no me aceptaran el pasaporte porque consideraban que había dicho cosas que iban en contra de sus esfuerzos por luchar contra el comunismo. Los gobiernos acataron la orden y me invalidaron el pasaporte. Muchos de mis amigos de Washington D.C. me recomendaron que me escondiera, pero quedarse en Estados Unidos hubiera significado arriesgarse a que me deportaran o encarcelaran.

Así que, en vez de esconderme, pedí asilo político en Francia. El gobierno francés me lo concedió y obtuve la documentación necesaria para viajar con estatuto de apátrida. Ser apátrida significa que no perteneces a ningún país, que no tienes patria. Con este documento podía viajar a cualquier país europeo que hubiera formado parte de los Convenios de Ginebra. Pero para viajar a otros países como Canadá o Estados Unidos aún necesitaba un visado, algo que es muy difícil de obtener cuando ya no eres ciudadano de ningún país. En un principio, mi intención era marcharme de Vietnam solo durante tres meses para dar clases en la Universidad de Cornell, dar conferencias por toda Europa y Estados Unidos para pedir la paz y después regresar a casa. Mi familia, todos mis amigos y mis compañeros, toda mi vida, estaba en Vietnam. Sin embargo, terminé estando exiliado durante casi cuarenta años.

Cada vez que solicitaba un visado para ir a Estados Unidos me lo denegaban automáticamente. El gobierno no quería que los visitara, pues creían que arruinaría sus esfuerzos de guerra en Vietnam. No se me permitía visitar Estados Unidos, ni tampoco Inglaterra. Tenía que escribirle cartas a gente como el senador George McGovern y el senador Robert Kennedy para pedirles que me enviaran una carta de invitación. Sus respuestas eran algo parecido a: «Estimado Thich Nhat Hanh, me gustaría saber más sobre la situación de la guerra de Vietnam. Por favor, venga e infórmeme. Si tiene algún problema para obtener el visado, por favor llámeme a este número…». Solo con una carta así podía obtener un visado; si no, era imposible.

Debo admitir que los dos primeros años de exilio fueron muy difíciles para mí. Aunque ya era un monje de cuarenta años con muchos discípulos, todavía no había encontrado mi verdadero hogar. Podía dar conferencias muy buenas sobre la práctica del budismo, pero todavía no había llegado a él. Intelectualmente, sabía mucho sobre el budismo: había entrenado durante muchos años en el Instituto Budista y había estado practicando desde que tenía dieciséis años, pero todavía no había hallado mi verdadero hogar.

Durante la gira de conferencias en Estados Unidos mi intención era informar a la población sobre lo que ocurría en Vietnam y que no oían en la radio ni leían en los periódicos. Durante la gira, solo dormía una o dos noches en las ciudades que visitaba. En más de una ocasión, me despertaba por la noche y no sabía dónde estaba. Era muy duro. Tenía que inhalar y exhalar y recordar en qué ciudad y país me encontraba.

Por aquel entonces, tenía un sueño recurrente en el que me encontraba en el templo de mi tierra natal, el Vietnam central. Subía por una colina verde cubierta de árboles hermosos y, a medio camino de la cima, me despertaba y me daba cuenta de que estaba en el exilio. Tenía el mismo sueño una y otra vez. Mientras tanto, me mantenía muy activo y aprendía a jugar con niños de muchos países: alemanes, franceses, estadounidenses e ingleses. Entablé amistad con sacerdotes anglicanos, sacerdotes católicos, pastores protestantes y rabinos e imanes, entre otros. Mi práctica se basaba en la conciencia plena. Intentaba vivir en el aquí y ahora y estar en contacto con las maravillas de la vida a diario. Sobreviví gracias a esa práctica. Los árboles en Europa eran muy distintos de los árboles de Vietnam. Las frutas, las flores, la gente... todo era completamente distinto. La práctica me devolvió a mi verdadero hogar en el aquí y en el ahora y el sueño no volvió a atormentarme.

Puede que la gente crea que sufría porque no se me permitía volver a mi casa en Vietnam, pero ese no es el caso. Cuando por fin se me permitió regresar, después de casi cuarenta años de exilio, fue un placer ser capaz de impartir mis enseñanzas y prácticas de conciencia plena y budismo comprometido a los monjes, monjas y laicos del país, y tener tiempo de hablar con artistas, escritores y expertos. No obstante, cuando llegó el momento de volver a dejar mi país natal, no sufrí.

La expresión «he llegado, estoy en casa» es la base de mi práctica. Es uno de los sellos del dharma principales de Plum Village. Expresa que comprendo la enseñanza de Buda y es la esencia de mi práctica. Desde que encontré mi verdadero hogar, no sufro. El pasado ya no es una cárcel para mí, y tampoco lo es el futuro. Soy capaz de vivir en el aquí y en el ahora y estar en contacto con mi verdadero hogar. Puedo regresar a casa con cada respiración y con cada paso que doy. No tengo que comprarme un billete; no tengo que atravesar un control de seguridad. Puedo llegar a casa en unos segundos.

Cuando estamos en contacto con el momento presente en profundidad, podemos estar en contacto con el pasado y el futuro; y si sabemos cómo manejar el momento presente correctamente, podemos reparar el pasado. Precisamente por el hecho de no tener un país propio, tuve la oportunidad de encontrar el verdadero hogar. Es algo muy importante. Como no pertenecía a ningún país en particular, debí esforzarme por abrirme camino y encontrar el verdadero hogar. Sentir que no se nos acepta, que no pertenecemos a ningún sitio y que no tenemos identidad nacional puede incitarnos a encontrar nuestro verdadero hogar.

1

Mi vida en Vietnam

Comerme la *Bánh giò*

Cuando tenía cuatro años, mi madre siempre me traía una *bánh giò* envuelta en una hoja de banana al volver del mercado. Yo iba al patio delantero y me tomaba mi tiempo para comérmela; a veces tardaba media hora o cuarenta y cinco minutos en comerme una sola *bánh giò*. Le daba un mordisquito y miraba al cielo. Entonces, acariciaba al perro con los pies y la mordisqueaba de nuevo. Disfrutaba de estar allí, con el cielo, la tierra, los matorrales de bambú, el gato, el perro y las flores. Podía pasar tanto tiempo comiéndome la *bánh giò* porque no tenía muchas preocupaciones. No pensaba en el futuro; no me arrepentía del pasado. Vivía por completo en el momento presente, con mi *bánh giò,* el perro, los matorrales de bambú, el gato y todo lo demás.

Es posible comer tan lenta y alegremente como yo me comía la galleta cuando era pequeño. Puede que tengas la sensación de haber perdido la galleta de tu infancia, pero estoy seguro de que sigue ahí, en algún lugar de tu corazón. Todo sigue ahí y, si de verdad lo quieres, lo encontrarás. Comer conscientemente es una de las prácticas más importantes de la meditación. Podemos comer de modo que revivamos a la galleta de nuestra infancia. El momento presente está cargado de alegría y felicidad. Si le prestas atención, te darás cuenta.

Es hora de vivir

Cuando era joven, la vida en Vietnam era muy distinta a como es ahora. Una fiesta de cumpleaños, un recital de poesía o el aniversario de la muerte de un ser querido eran eventos que transcurrían durante un día entero, no solo durante unas pocas horas. Podías llegar e irte en cualquier momento. No era necesario que tuvieras coche o bicicleta, ibas andando. Si vivías lejos, partías el día anterior y pasabas la noche en casa de un amigo que tenías a lo largo del camino. Eras bien recibido y te servían algo de comer sin importar la hora a la que llegaras. Cuando las cuatro primeras personas aparecían, se les servía juntos en una mesa. Si eras el quinto, esperabas hasta que llegaran otros tres para poder comer con ellos.

La palabra «ocio» en chino se escribe con el mismo carácter que puerta o ventana. Dentro de la puerta o la ventana, está el carácter de la luna. Esto quiere decir que solo cuando estás tranquilo de verdad tienes tiempo de ver y disfrutar de la luna. Hoy en día, la mayoría de nosotros no disponemos de ese lujo. Tenemos más dinero y más comodidades materiales, pero en realidad no somos más felices, porque no tenemos tiempo de disfrutar de la compañía de los demás.

Existe una forma de vivir nuestro día a día que transforma una vida normal en una vida espiritual. Incluso las cosas más sencillas, como beber té con la conciencia plena, pueden ser una experiencia profundamente espiritual que puede enriquecer nuestras vidas. ¿Por qué iba a pasarse la gente dos horas bebiéndose una taza de té? Desde el punto de vista de los negocios, es una pérdida de tiempo. Pero el tiempo no es dinero. El tiempo es mucho más valioso que el dinero, el tiempo es vida. Y el dinero no es nada comparado con la vida. Al beber té durante dos horas no ganamos dinero, pero sí estar más vivos.

La alegría de tener lavabos

Es probable que muchas personas se pregunten: «¿Cómo voy a ser feliz limpiando el lavabo?». Pero lo cierto es que tenemos mucha suerte de tener un lavabo que limpiar. Cuando era un monje novicio en Vietnam, no teníamos inodoros. Vivía en un templo con más de cien personas en el que no había ni un solo váter, y aun así nos las arreglábamos para sobrevivir. Alrededor del templo había arbustos y colinas, así que subíamos a la colina. No había rollos de papel higiénico en esas colinas, por lo que tenías que llevarte hojas de banano secas o esperabas encontrarte algunas hojas secas por la zona que pudieras utilizar. Incluso antes de convertirme en monje, cuando era niño, tampoco teníamos baño en casa. Solo unas pocas personas eran lo bastante ricas para tenerlo. Los demás teníamos que ir a los campos de arroz o subir a la colina. Por aquel entonces había veinticinco millones de habitantes en Vietnam y la mayoría de ellos no tenían un inodoro. Así que tener un lavabo que limpiar puede bastar para hacernos felices. Solo si reconocemos que tenemos condiciones más que suficientes para ser felices, podremos ser felices de verdad.

La hoja

Un día, cuando era pequeño, miré dentro del recipiente de arcilla grande que teníamos en el patio delantero para recoger el agua de la lluvia y vi que en el fondo había una hoja muy bonita. Era de muchos colores. Quería sacarla y jugar con ella, pero tenía el brazo demasiado corto y no llegaba al fondo. Así que utilicé un palo para intentar sacarla. Era tan difícil que me impacienté: lo intenté veinte o treinta veces y aun así la hoja no salió a la superficie. Al final me rendí y tiré el palo.

Cuando volví unos minutos más tarde, me sorprendió ver que la hoja flotaba sobre la superficie del agua, así que la recogí. Mientras yo no estaba, el agua había seguido dando vueltas y había empujado a la hoja hasta la superficie. Nuestro subconsciente funciona del mismo modo. Cuando tenemos que resolver algún problema o cuando queremos comprender mejor una situación, tenemos que encomendarle la tarea de encontrar una solución al nivel más profundo de nuestra conciencia. Luchar contra el pensamiento racional no funcionará.

Antes de irte a dormir, puede que te repitas a ti mismo una y otra vez: «Mañana quiero levantarme a las 4:30». Al día siguiente, te levantarás de forma natural a las 4:30. Nuestro subconsciente, al que en el budismo se denomina «conciencia depósito», sabe cómo escucharnos. Colabora con la parte racional de nuestra mente, que utilizamos a diario. Cuando meditamos, no solo usamos la conciencia, tenemos que utilizar y confiar en nuestro subconsciente. Al plantar la semilla de una pregunta o un problema en la conciencia, tenemos que confiar en que tarde o temprano una idea emergerá de ella. Respirar y contemplar en profundidad, y limitarnos únicamente a existir ayudará a nuestro subconsciente a ofrecernos las mejores soluciones.

Un dibujo de Buda

Cuando tenía siete u ocho años, vi un dibujo de Buda en la portada de una revista budista. Me impresionó verlo sentado en la hierba, con expresión pacífica. Deduje que el artista debía tener mucha paz y calma interior para ser capaz de hacer un dibujo tan especial. Solo mirar el dibujo me hacía feliz, porque por aquel entonces había muchas personas a mi alrededor que no estaban calmadas o eran felices.

Al ver esa imagen tan tranquila, decidí que quería convertirme en alguien como Buda, alguien que pudiera sentarse tranquilo y en calma. Creo que fue en ese momento cuando decidí que quería ser monje, aunque por aquel entonces no sabía describirlo de esa manera.

Buda no es un dios; era un ser humano como todos nosotros. Como muchos de nosotros, sufrió mucho cuando era adolescente. Vio que su reino sufría y vio como su padre, el rey Suddhodana trataba de aliviar el sufrimiento que lo rodeaba, pero era incapaz de hacerlo. Al joven Siddhartha la política le parecía algo ineficaz. Ya en su adolescencia, buscaba una manera de escapar del sufrimiento. Aunque había nacido príncipe, las comodidades materiales no bastaban para hacerle feliz, para hacer que se sintiera en casa o en paz. Dejó el palacio donde se crio para huir del sufrimiento y encontrar su verdadero hogar.

Creo que hay mucha gente joven que se siente igual que se sentía el joven Siddhartha. Queremos encontrar algo bueno, verdadero y hermoso, pero, cuando miramos a nuestro alrededor, no hallamos lo que buscamos y nos decepcionamos. Yo también me sentía así, incluso cuando era muy joven. Por eso me alegré tanto cuando vi el dibujo de Buda: solo quería ser como él.

Aprendí que si practicaba bien podría ser como un buda. Cualquiera que sea pacífico, bondadoso y comprensivo puede definirse como tal. En el pasado, ha habido muchos budas, hay budas en el momento presente y habrá muchos en el futuro. Buda no es el nombre de alguien en particular; buda es un nombre común para referirse a cualquiera que tenga un alto grado de paz y un alto grado de comprensión y compasión. Todos somos capaces de conseguir que se nos llame por ese nombre.

Caleidoscopio

De niño me gustaba jugar con un caleidoscopio que fabriqué con un tubo y varios pedazos de cristal opaco. Cuando giraba el tubo aparecían muchos patrones y colores hermosos. Cada vez que movía ligeramente los dedos, una imagen desaparecía para dar paso a otra. No lloraba cuando una de las imágenes desaparecía porque sabía que no todo estaba perdido, que a la desaparición la seguiría otra imagen preciosa.

Cuando miramos por un caleidoscopio vemos una hermosa imagen simétrica y, cada vez que lo giramos, esta desaparece. ¿Diríamos que se trata de un nacimiento o una muerte? ¿O la imagen es simplemente una manifestación? Después de esa aparición surge otra igual de bella; no se pierde nada. He visto morir a gente pacíficamente, con una sonrisa, porque comprenden que el nacimiento y la muerte no son más que olas en la superficie del mar, no el mar en sí, igual que las imágenes del caleidoscopio.

No existen el nacimiento y la muerte; solo existe la continuación.

El ermitaño y la fuente

Crecí en la provincia de Thanh Hoa en el norte de Vietnam. Un día nuestro maestro del colegio nos dijo que iríamos de excursión a la cima de una montaña cercana: Na Son. Nos dijo que allí vivía un ermitaño, un monje que vivía solo y que se sentaba en silencio día y noche para convertirse en una persona tranquila y apacible, como Buda. Nunca había conocido a un ermitaño, así que estaba muy emocionado.

El día antes de la excursión preparamos algo de comida para nuestro pícnic. Cocinamos arroz, hicimos varias bolas y las envolvimos en hojas de banano. Preparamos semillas de sésamo, cacahuetes y sal para acompañar el arroz. También hervimos agua para llevárnosla. Iniciamos la larga caminata para llegar temprano al pie de la montaña. Una vez allí, mis amigos y yo empezamos a subir lo más rápido posible. Todavía no sabíamos practicar la meditación caminando. Escalamos hasta lo alto de la montaña muy rápidamente.

Cuando alcanzamos la cima estábamos agotados. Nos habíamos bebido toda el agua durante el ascenso. Busqué al ermitaño pero no lo vi por ninguna parte. Solo vi su cabaña, hecha de bambú y paja. Dentro había una cama pequeña y un altar hecho de bambú, pero ni rastro del ermitaño. Tal vez nos había oído subir por la montaña y se había escondido en alguna parte para huir del ruido y de los niños.

Llegó la hora de comer, pero yo no tenía hambre. Estaba muy decepcionado porque no había visto al ermitaño. Me separé de mis amigos y seguí subiendo por la montaña, esperando encontrarle. A medida que me adentraba en el bosque, escuché el ruido que hace el agua al gotear. Era un sonido muy bonito. Empecé a subir en dirección a ese sonido y pronto encontré una fuente natural, un estanque pequeño rodeado de piedras grandes de muchos colores. El agua era tan cristalina que se podía ver el fondo. Yo tenía mucha sed. Me arrodillé, recogí un poco de agua con las palmas de las manos y me la bebí. Estaba deliciosa. Nunca había probado nada tan bueno como aquella agua. Me sentí completamente satisfecho; no necesitaba ni quería nada... hasta se me habían pasado las ganas de conocer al ermitaño. Tenía la sensación de haber conocido al ermitaño. Imaginé que a lo mejor el ermitaño se había transformado en la fuente.

Estaba cansado. Me tumbé en el suelo para descansar y así pasar unos minutos más junto a la fuente. Levanté la mirada y vi la rama de un árbol en contraste con el cielo azul. Cerré los ojos y en seguida caí en un sueño profundo. No sé cuánto rato estuve dormido. Cuando desperté, no sabía dónde estaba. Entonces vi la rama contra el cielo y la fuente maravillosa, y lo recordé todo.

Había llegado el momento de volver con mis compañeros de clase. Me despedí de la fuente a regañadientes y empecé a descender por la colina. A medida que salía del bosque, se me formó una frase en lo más profundo de la mente. Era como un poema de un solo verso: «He probado el agua más deliciosa del mundo».

Me senté a comer con mis amigos. Se alegraron de verme y me preguntaron dónde había estado, pero no me apetecía hablar. Quería conservar la experiencia para mí mismo durante un rato más, ya que me había conmovido profundamente. Me senté en el suelo y comí en silencio. El arroz y las semillas de sésamo estaban muy buenos.

Han pasado muchos años desde que subí aquella montaña, pero la imagen de la fuente y el sonido tranquilo y pacífico del agua goteando siguen vivos en mi interior. Tú también has conocido a tu ermitaño. Tal vez era una roca, un árbol, una estrella o una bonita puesta de sol.

Aquella fue mi primera experiencia espiritual. Después de eso, empecé a ser más tranquilo y relajado. No quise compartir con nadie lo que había ocurrido, sino que decidí guardarlo en mi corazón. Mi intención de convertirme en monje se consolidó. A los dieciséis, mis padres me dieron permiso para entrar en el templo Tu Hieu, en Hue, a practicar como aspirante y, más adelante, como monje novicio.

Los regalos de mi maestro

Cuando me nombraron monje novicio a los dieciséis años, recibí un regalo de mi maestro. Era un libro de poemas recopilados por uno de los maestros zen chinos más importantes sobre la práctica llamado *Gathas para la vida diaria.* Utilizar los *gathas* para ser conscientes de lo que hacemos cada día es una tradición zen monástica que se remonta a hace más de mil años.

Por lo tanto, el primer libro que recibí para aprender la práctica fue uno de poesía. ¡Qué extraño! Como novicios, teníamos que memorizar todos esos poemas para poder practicar. En mi tradición, la poesía tiene mucho que ver con la meditación, igual que la música y el arte. Los poemas del libro eran poemas de cuatro versos escritos en chino antiguo y cada verso tenía solo cinco palabras, por lo que cada poema tenía veinte palabras en total. Uno de los poemas era para sentarse. Tienes que sentarte de modo que generes energía de conciencia plena mientras lo haces. Había poemas hasta para ponerse la camiseta o el hábito de monje. Todas las actividades diarias pueden llevarse a cabo con poesía y conciencia plena. Es una práctica que me gusta mucho.

También se recitaba al encender una lámpara. En mi época no había electricidad en el templo, ni tampoco agua corriente. Utilizábamos lámparas de queroseno y, mientras las encendíamos, recitábamos el poema en silencio. Había otro para encender una vela. Era muy feliz como monje novicio: teníamos mucho tiempo para practicar, jugar en el exterior y disfrutar.

Más adelante, ya como monje ordenado, creía que los poemas debían traducirse al vietnamita moderno para que a la gente le resultaran más naturales para practicar. Así que los traduje al vietnamita. Ahora se han traducido al inglés, francés, alemán y muchas otras lenguas y están disponibles para que todos los disfrutemos y practiquemos con ellos.

Hay varios elementos de la cultura monástica que también pueden experimentar los laicos que viven en la sociedad. Cuando conocí al monje trapista Thomas Merton en su monasterio de Kentucky en 1966, hablamos de ello. La meditación caminando, utilizar los *gathas* y practicar la respiración consciente pueden aplicarse con facilidad a la vida cotidiana. He compartido la cultura monástica con amigos laicos y otros practicantes durante muchos años. Tengo muchos amigos alrededor del mundo que practican mientras se lavan los dientes con el poema para lavarse los dientes, o que se ponen el abrigo con el poema para ponerse el abrigo.

En mi época ya existían las bicicletas, pero los monjes no las utilizaban. En los viejos tiempos, iban a caballo, no en bicicleta. Yo fui uno de los primeros monjes budistas de Vietnam en utilizar una bicicleta. Por aquel entonces no se consideraba algo propio de ellos. Un día, seis de los monjes más jóvenes decidimos probarlo, así que alquilamos seis bicicletas y aprendimos a montar en ellas. Después, seguimos utilizándolas. En aquel momento la gente se sorprendió. Aunque ahora los monjes conducen, ya que es mucho más rápido, en aquella época ver a un monje en bicicleta era algo muy nuevo. Como montábamos en ellas con alegría y conciencia plena, practicábamos la meditación en bicicleta. Incluso escribí un poema para ir en bicicleta y, más adelante, también escribí otro para conducir un coche. Poemas como esos pueden ayudarnos a vivir cada momento con atención, a conciencia y en contacto con la dimensión espiritual de la vida.

El hábito de mi maestro

Mi ordenación monástica en el templo de Tu Hieu se programó para las cuatro de la mañana. La noche anterior, durante la práctica de canto, vi a mi maestro en su habitación, sentado sobre un cojín y bañado por la luz de una vela parpadeante. En la mesa que tenía al lado, había una gran pila de escrituras antiguas. Estaba arreglando la rasgadura de uno de sus viejos hábitos marrones con cuidado. A pesar de su avanzada edad, tenía la vista perfecta y muy buena postura. El hermano Tam Man y yo nos detuvimos en la entrada y lo observamos. Mientras atravesaba la tela despacio con la aguja, mi maestro parecía un *bodhisattva* que meditaba profundamente.

Después de un rato, entramos en la habitación y mi maestro alzó la vista. Al vernos, inclinó la cabeza y después bajó la mirada de nuevo para seguir con el punto que había dejado a medias. El hermano Tam Man dijo:

—Estimado maestro, por favor, vaya a descansar; ya es muy tarde.

Mi maestro no lo miró.

—Deja que termine de coser este hábito para que tu hermano pueda llevarlo mañana por la mañana.

Entonces comprendí por qué el maestro había estado rebuscando entre hábitos viejos toda la tarde; buscaba el que estuviera menos raído para arreglarlo para mí. Al día siguiente, iba a llevar un hábito marrón por primera vez. Durante los últimos tres años como aspirantes, solo se nos había permitido llevar el hábito gris. Cuando se me ordenara novicio, se me permitiría ponerme el precioso hábito al que los *sutras* llaman el hábito de la liberación, el hábito de la libertad.

Con voz temblorosa, le respondí:

—Estimado maestro, deje que le pidamos a la tía Tu que termine de coserlo.

—No, quiero coserlo para ti con mis propias manos —respondió tranquilamente.

Nos quedamos en silencio.

Con los brazos cruzados en actitud respetuosa, nos quedamos a un lado y no nos atrevimos a mediar palabra de nuevo. Un poco más tarde, sin apartar la vista de la aguja, mi maestro habló.

—¿Habéis oído el *sutra* sobre el gran discípulo que en la época de Buda logró la iluminación solo por coser hábitos?

Nadie respondió.

—Dejad que os la cuente —continuó—. Este discípulo a menudo sentía alegría y paz al remendar hábitos maltrechos; cosió los suyos y también los de sus hermanos del Dharma. Cada vez que la aguja atravesaba la tela, experimentaba una bondad íntegra en su interior que lo liberaba. Un día, mientras cosía, comprendió una enseñanza profunda y maravillosa y, en seis puntadas, obtuvo seis poderes increíbles.

Volví la cabeza y miré a mi maestro con mucho cariño y respeto. Puede que él no hubiera obtenido los seis poderes milagrosos, pero había alcanzado una etapa profunda de comprensión y percepción.

Al final, terminó de coser el hábito. El maestro me pidió que me acercara y que me lo probara. El hábito me quedaba un poco grande, pero yo estaba tan feliz que se me llenaron los ojos de lágrimas de todas formas. Había recibido una prueba del amor más sagrado: un amor puro que era amable e inmenso, que me nutrió y llenó de ambición tras muchos años de entrenamiento y práctica.

El maestro me entregó el hábito. Lo acepté sabiendo que era un apoyo enorme y que me la habían dado con amor tierno y discreto. La voz de mi maestro en aquel momento fue probablemente la más amable y dulce que he oído nunca.

—Lo he arreglado yo mismo para que puedas llevarlo mañana, hijo mío.

Era un gesto simple, pero me sentí muy conmovido cuando oí esas palabras. Aunque todavía no era la hora de la ceremonia de ordenación y aún no me arrodillaba ante Buda para pronunciar el voto sagrado de salvar a todos los seres, mi corazón hizo la promesa vasta, profunda y sincera de vivir una vida dedicada al servicio. El hermano Tam Man me miró con un afecto y respeto incondicionales. En ese momento, para nosotros el mundo era un universo de flores aromáticas.

Desde aquel día, he tenido muchos hábitos. A los hábitos marrones nuevos les presto atención durante un tiempo, pero al final quedan olvidados. No obstante, el hábito marrón remendado de mi pasado siempre será sagrado para mí. Hoy en día está demasiado roto para llevarlo, pero todavía me aferro a él para rememorar, en momentos de reflexión, los bonitos recuerdos del pasado.

Hojas de banano

Cuando era un joven monje en Vietnam, me di cuenta de algo mientras meditaba sobre un banano verde que tenía tres hojas. La primera hoja se había abierto del todo, estaba expuesta al sol y a la lluvia y disfrutaba de su nueva vida como hoja. La segunda todavía estaba desplegándose y no estaba del todo abierta. La tercera, la más joven, aún no se había abierto.

Me di cuenta de que mientras la primera hoja se abría, también ayudaba a sus hermanas pequeñas a que crecieran. Se desplegaba y disfrutaba de la luz del sol y de la lluvia. Cantaba cada vez que soplaba el viento. Las dos primeras se veían reflejadas en la tercera hoja. Cuando a la primera le llegó la hora de marchitarse y secarse, no lloró. Sabía que seguiría viviendo en las otras dos. Al final, regresó a la tierra y sirvió de alimento para todo el banano y las demás hojas que salieron después de ella.

Nuestras vidas tienen un significado parecido. Estamos aquí para hacer algo. Tenemos un propósito. Cuando contemplé la primera hoja en profundidad, me vi a mí mismo. Al disfrutar de mi vida, sustentaba a mis hermanos y hermanas pequeños y les transmitía alegría, esperanza y lo mejor de mí. Ellos, a su vez, me ayudaban a sustentar a los hermanos que aún no habían nacido. Gracias a la sabiduría de la no discriminación, llamada *upeksha* en sánscrito, no nos peleamos, discutimos o competimos los unos con los otros. Cuando no nos dejamos llevar por la idea de ser un ser separado de los demás seres humanos, puede haber armonía entre nosotros. Cuando enseño a un amigo a practicar la meditación, no me denomino «maestro» ni a mi amigo, «alumno». No hay un transmisor o un receptor. Somos uno solo. Juntos, nos ayudamos a crecer mutuamente.

El cactus en flor

En Vietnam, hace tiempo, cuando tu cactus estaba a punto de florecer, se organizaba un fiesta para celebrar este acontecimiento. Predecías el día en que creías que las flores estarían perfectas, y les escribías tarjetas personales a tus amigos para invitarlos. Lo preparabas todo para asegurarte de que tomarían un té contigo, y había comida especial, tal vez hasta dulces de germen de trigo, para tomarlas con el té.

En Vietnam recolectábamos el mejor trigo cuando todavía estaba maduro para ponerlo en agua caliente y que germinara. Una vez brotaba, lo cocinábamos y lo condensábamos para formar una especie de sirope. No le echábamos azúcar, pero aun así estaba dulce. Lo concentrábamos hasta que se volvía muy espeso. Entonces íbamos al río, recolectábamos piedras pequeñas, las lavábamos a conciencia y las dejábamos secar bajo la luz del sol. Después, cubríamos las piedras con el sirope de germen de trigo y las dejábamos secar otra vez, para que todas las piedras estuviesen cubiertas por el sirope. Nuestros antepasados las degustaban cuando bebían el té. Para preparar ese «dulce» se necesitaba mucho amor y energía... Se le puede llamar dulce, pero en realidad no era un dulce, porque si lo mordías como si fuera un caramelo de verdad, podías romperte los dientes.

El día del evento limpiabas la casa minuciosamente y preparabas el cactus en flor, los caramelos y el té. A veces el tiempo cambiaba y hacía más frío, y las flores de cactus no tenían tiempo suficiente para florecer antes del evento. En ese caso, los invitados traían un tambor que colocaban al lado del cactus y tocaban para estimular el crecimiento de las flores. Así era en el pasado. Puede que suene pueril, pero era muy poético y bonito.

Cuando llegaban los invitados, los recibíamos en el jardín. El ambiente era muy festivo: los amigos venían a tu casa; era un gran acontecimiento. Todos los hijos y nietos salían a celebrar y formar parte de una celebración sagrada y del ambiente alegre de relajación, libertad y amistad. La gente no tenía que enseñarles a sus hijos o a sus nietos a detenerse y celebrar; los niños lo vivían y se unían a la fiesta por sí solos.

Puede que no tengas un ritual tan elaborado para celebrar el florecimiento de las plantas con tus amigos, y puede que no tengas dulces de piedra y sirope de germen de trigo. No obstante, dedicar tiempo a crear un momento especial para beber té o comer juntos con alegría, belleza y sencillez puede iniciar a tus hijos en la vida espiritual.

Cerrar la puerta

A veces los niños me preguntan: «¿Por qué meditas?». Medito porque me gusta. Pero no solo me gusta la meditación sentada, también me gusta meditar mientras camino o incluso mientras estoy de pie. Imagina que tienes que hacer cola, esperar tu turno para comprar o para servirte algo de comida. Puedes aprovechar la oportunidad para practicar la respiración consciente, centrarte en la inhalación y exhalación, disfrutar de tu presencia y de la gente que te rodea.

La meditación puede ser muy informal. Cuando conduces, si lo haces conscientemente, disfrutando de tu inhalación y exhalación, puede decirse que practicas la meditación. Cuando lavas los platos, si disfrutas de inhalar y exhalar y sonríes, esta actividad se convierte en algo agradable. Yo disfruto mucho fregando los platos. No solo sirve para tener platos limpios, sino también para disfrutar del tiempo que dedicas a lavarlos. Con la energía de la conciencia plena, cada acción de nuestra vida cotidiana puede volverse agradable.

Practico esa lección a diario. En una ocasión, cuando era monje novicio, mi maestro me pidió que hiciera algo por él. Tenía muchas ganas de servirlo, porque quería mucho a mi maestro, así que fui a hacerlo a toda prisa. Pero como estaba tan emocionado, no lo hice con la atención necesaria y cerré la puerta de un portazo al salir. El maestro me pidió que volviera y me dijo:

—Hijo mío. Por favor, sal y vuelve a cerrar la puerta.

Al oír sus palabras, supe que mi práctica no había sido lo suficientemente buena. Así que incliné la cabeza y me dirigí a la puerta poniendo todo mi empeño, caminando a conciencia plena. Salí y, muy conscientemente, cerré la puerta detrás de mí. Mi maestro no tuvo que decírmelo dos veces. Ahora, cada vez que abro y cierro la puerta me acuerdo de mi maestro y lo hago con atención plena.

Muchos años más tarde, tuve la oportunidad de visitar a Thomas Merton, el monje trapista, en Kentucky. Después de que me fuera del monasterio, dio una conferencia a sus estudiantes y les dijo:

—Solo por la manera en que cerró la puerta, supe que Thich Nhat Hanh era un auténtico monje.

En otra ocasión, unos años más tarde, una mujer católica alemana vino a uno de los retiros de un centro de práctica Plum Village en Francia. En su último día, nos dijo que solo había acudido por curiosidad. Había escuchado una grabación de la conferencia de Thomas Merton y había acudido a ver cómo cerraba la puerta.

Ria

Los *montagnards,* el pueblo indígena que vivía cerca de nuestro monasterio en los grandes bosques del altiplano central de Vietnam, vendían muchos de los productos que cosechaban en el bosque a los habitantes de la ciudad: bambú, junquillo, orquídeas y carne de venado, pero nunca vendieron ria. Decían que esa planta prevenía los calambres en las piernas. Creo que también contenían propiedades que aliviaban el dolor de la artritis y el tío Dai Ha decía que también eran un buen remedio contra el insomnio. De vez en cuando, recolectábamos algunas de las valiosas hojas de ria y le pedíamos a la tía Ta Hue que hiciera sopa con ellas. Pero nuestros amigos *montagnard* no preparaban sopa con la planta. En su lugar, machacaban las hojas, les añadían un poco de sal y las cocinaban al vapor. Era su plato favorito. Una tarde, Phuong*, una profesora de botánica, volvía de Saigón, donde había recogido algunas plantas que pensaba que eran ria, e hizo una sopa con ellas. Después de tomarnos la sopa de «ria», todos nos sentimos un poco drogados. Nos divertimos mucho y nos reímos de buena gana de nuestra amiga por aquello: ¡una botánica que no había sabido reconocer la planta correcta!

* Fue ordenada en 1988 y se convirtió en la hermana Chan Khong, una de las primeras discípulas monásticas de Thich Nhat Hanh.

Lavar los platos

Cuando era novicio en el templo de Tu Hieu, lavar los platos pocas veces era una tarea agradable. Durante el retiro de las lluvias anual, todos los monjes volvían al monasterio para practicar juntos durante tres meses y, a veces, solo dos novicios se encargaban de fregar los platos para mucho más de cien monjes. No había jabón. Solo podíamos utilizar ceniza y cáscaras de arroz y de coco. Lavar semejante pila de cuencos era una tarea complicada, en especial durante el invierno, ya que el agua estaba helada. En aquella época teníamos que calentar una olla grande de agua antes de empezar a fregar. Hoy en día con jabón líquido, estropajos especiales e incluso agua corriente caliente es mucho más fácil disfrutar de la tarea de fregar los platos.

En mi opinión, solo puedes pensar que lavar los platos no es agradable cuando no los friegas. Estar frente al fregadero arremangado y con las manos sumergidas en el agua caliente es algo muy agradable. Me gusta dedicarle algo de tiempo a cada plato, ser consciente de él, del agua y del movimiento de las manos. Sé que si lo hago corriendo para terminar antes y tener tiempo para sentarme a tomarme el postre o beberme una taza de té, el tiempo que dedico a fregar los platos será desagradable y no lo disfrutaré. Sería una lástima, puesto que cada minuto, cada segundo de la vida es un milagro. ¡Los platos y el hecho de que esté aquí lavándolos son milagros!

Si soy incapaz de lavar los platos con alegría, si quiero terminar rápidamente para tomarme el postre o una taza de té, seré igual de incapaz de disfrutar del postre o del té cuando por fin pueda tomármelos. Cuando tenga el tenedor en la mano, estaré pensando en lo que haré a continuación y no disfrutaré de la textura y el sabor del postre, ni tampoco del placer de comérmelo. Estaré centrado por completo en el futuro, me perderé la vida y nunca seré capaz de vivir en el momento presente.

Cada idea y cada acción son sagradas bajo la luz de la conciencia. Bajo esta luz, no existe el límite entre lo sagrado y lo profano. Debo confesar que tardo más tiempo en fregar los platos, pero vivo plenamente cada momento y soy feliz. Lavar los platos es a la vez un medio y un fin. No solo lo hacemos para tener platos limpios, sino que también los lavamos solo por lavarlos, para vivir cada momento plenamente mientras lo hacemos y estar en contacto con la vida por completo.

El durián

En el sudeste asiático, muchas personas aprecian mucho la fruta grande y espinosa conocida como durián, una fruta cuyo olor es extremadamente fuerte. Incluso podría decirse que algunas personas son adictas a ella. Hay mucha gente que, cuando termina de comerse la fruta, guarda la piel debajo de la cama para poder seguir disfrutando del aroma. Para mí, el olor del durián es espantoso.

En una ocasión, mientras practicaba cantos en el templo en Vietnam, había un durián sobre el altar que alguien le había ofrecido a Buda. Yo intentaba recitar el Lotus Sutra con un tambor de madera y una campana en forma de bol como acompañamiento, pero no podía concentrarme por culpa del olor. Al final, opté por darle la vuelta a la campana y esconder el durián debajo para seguir cantando el Sutra. Cuando terminé, hice una reverencia a Buda y destapé el durián.

Si alguien me dijera: «Te quiero tanto que me gustaría compartir contigo un poco de este durián», sufriría muchísimo. Puede que digan que me quieren, y que quieren que sea feliz, pero aun así me piden que coma durián. Es un ejemplo de amor sin comprensión. La intención es buena, pero la comprensión no es correcta.

Cuando quieres a alguien quieres que la otra persona sea feliz. Si no son felices no hay forma de que tú seas feliz. La felicidad no es individual. El amor verdadero necesita de una comprensión profunda. De hecho, el amor es otra forma de denominar a la comprensión. Si no puedes comprender, no podrás amar bien. Sin comprensión, el amor que le des a la otra persona solo le hará sufrir.

La voz de la marea creciente

Cuando era un monje novicio en el instituto budista de Hue, era un poco revolucionario. Quería que el budismo sirviera para ayudar a liberar y unir a los vietnamitas, pero las enseñanzas no nos daban pautas específicas que practicar para conseguirlo. Un grupo de discípulos pensábamos que, a menos que renováramos las enseñanzas y prácticas budistas, estas no serían suficientes para ofrecer prácticas concretas y apropiadas que nos unieran y ayudaran a abolir la injusticia social y la guerra.

El primer paso que dimos fue publicar un boletín informativo para expresar nuestras ideas. Por aquel entonces, no teníamos fotocopiadoras; ni siquiera teníamos un multicopista. Cada discípulo escribía un artículo y luego los encuadernábamos para crear el boletín. Éramos muy ambiciosos, y llamamos a la revista *La voz de la marea creciente*. El sonido de la marea creciente es un sonido que sobrepasa a todos los sonidos del mundo. La revista se pasaba de mano en mano y todos los habitantes del instituto budista la leyeron. A algunos de nuestros profesores les encantó la revista porque las ideas que expresaba eran nuevas, innovadoras y estimulantes, pero otros opinaban que éramos peligrosos y la prohibieron.

Muchos de los profesores del instituto hablaban sobre paz, compasión, la inexistencia del ser individual y la felicidad de los seres vivos, pero muy pocos actuaban. Hablaban de ayudar a la sociedad, pero no hacían nada para tenderles una mano a los pobres y los oprimidos. Por aquel entonces, muchos jóvenes en Vietnam decidían unirse a grupos políticos y revolucionarios como el Partido Comunista y el Kuomintang. Docenas de movimientos políticos se habían movilizado para luchar contra los franceses y obligarlos a abandonar el país, y muchos luchaban por la justicia social. Cuando eres joven, quieres hacer algo por tu país. Muchos jóvenes monásticos se sentían atraídos por la ideología marxista y estaban tentados de abandonar los monasterios para unirse al movimiento. Creían que la práctica budista estaba obsoleta y no respondía a las verdaderas necesidades de la población.

Actuar contra la injusticia no es suficiente. Creíamos que la acción debía ser un ejemplo de conciencia plena. Si se actúa sin conocimiento, nuestras acciones pueden causar más daños. Nuestro grupo creía que era posible combinar la meditación y la acción para crear la acción consciente.

El instituto era tan conservador y reacio al cambio que los cuatro decidimos marcharnos. Dejamos una carta pidiendo que se reformara y renovara la forma de enseñar y practicar el budismo. Nuestra marcha fue como una alarma de conciencia plena que avisaba de que, si no prestaban atención, muchos más discípulos del instituto podrían marcharse. Queríamos establecer una nueva comunidad donde pudiéramos estudiar, enseñar y practicar el budismo de la forma en que creíamos que debía ser.

Fue una época muy difícil. No teníamos dinero, pero después de que vinieran más amigos a apoyarnos, encontramos un terreno y construimos un templo pequeño en el campo, donde pudimos empezar nuestra práctica. Teníamos mucha energía, motivación y buena voluntad. No buscábamos dinero, poder o fama; queríamos un budismo que nos ayudara a cambiar la sociedad y que respondiera a los retos de nuestra época.

En Saigón establecimos una comunidad de práctica. También había publicado varios libros y revistas sobre la aplicación y la renovación del budismo en los campos de la economía, la educación, la política y la acción humanitaria. Para entonces, el instituto de Saigón había comprendido que tenía que cambiar un poco si no quería perder más alumnos. Empezó a ofrecer cursos de filosofía, religión comparada y ciencia.

Varios años más tarde, en 1964, la administración del templo budista de Saigón me pidió que fuera redactor jefe en una nueva edición semanal de *La voz de la marea creciente* y yo acepté. En aquella ocasión, una década después de nuestras ediciones encuadernadas a mano de la revista, *La voz de la marea creciente* se imprimió y se encuadernó bien, y se distribuyó ampliamente. El equipo editorial empezó a informar sobre el trabajo de la comunidad budista para ayudar a traer la paz y reunificar el país. Los budistas empezaron a hacerse oír, dirigían grandes protestas en la calle y huelgas de hambre, y escribían artículos y cartas. También incluimos secciones enteras de poesía de algunos de los poetas más elocuentes y radicales de la época. La revista pronto se convirtió en el semanario budista más popular de Vietnam. Cada semana se imprimían cincuenta mil ejemplares y teníamos que enviar copias a Hue y Danang en avión para hacer frente a la demanda.

Mientras trabajábamos en la revista de Saigón, yo vivía en una ermita de paja en los terrenos del monasterio del Bosque de Bambú, a más o menos una hora en motocicleta del centro de la ciudad. Los hermanos monásticos que vivían allí me ayudaron a convertir el monasterio en un lugar maravilloso y feliz en el que todos pudiéramos refugiarnos. Cada semana nos reuníamos para practicar la meditación sentada, la meditación caminando e imaginar juntos un futuro mejor. Éramos capaces de expresar lo que habíamos soñado: acciones fundadas en la práctica que respondieran a las necesidades de la población. Esta experiencia nos enseñó que la práctica comprometida no solo era posible, sino que era necesaria si queríamos un cambio real y pacífico.

2

La guerra y el exilio

El último saco de arroz

En 1946, durante la guerra entre Francia e Indochina, yo era un monje novicio en el templo de Tu Hieu, en Hue, Vietnam central. En aquellos tiempos, el ejército francés ocupaba la ciudad de Hue. Un día, dos soldados franceses llegaron a nuestro templo. Mientras uno de ellos se quedaba en el todoterreno al otro lado de la verja del templo, el otro entró con un arma y nos exigió que le entregáramos todo el arroz. Solo teníamos un saco de arroz para todos los monjes y él quería llevárselo. El soldado era joven, no debía de tener ni veinte años, y estaba hambriento. Tenía un aspecto delgado y pálido, como si tuviera malaria, igual que yo en aquel momento.

Tuve que obedecer sus órdenes de llevar el pesado saco de arroz al todoterreno. Era una distancia larga mientras me tambaleaba bajo el valioso peso del saco. Se llevaban el poco arroz que nos quedaba y dejaban a nuestra comunidad sin comida. Más tarde me contaron que uno de los monjes más ancianos había enterrado en secreto un envase grande de arroz en las tierras del templo, en las profundidades de la tierra.

He meditado sobre el soldado francés muchas veces a lo largo de los años. He visto que, al ser todavía joven, había tenido que dejar a sus padres, hermanos, hermanas y amigos para viajar al otro lado del mundo, a Vietnam, donde se había enfrentado al horror de asesinar a mis compatriotas o a que lo asesinaran. Muchas veces me he preguntado si el soldado sobrevivió a la guerra y pudo regresar a casa con sus padres. Es muy probable que no sobreviviera. La guerra entre Francia e Indochina duró muchos años y terminó solo con la derrota francesa en Dien Bien Phu y los Acuerdos de Ginebra en 1954. Después de meditarlo en profundidad, me di cuenta de que los vietnamitas no fueron las únicas víctimas de la guerra; los soldados franceses también lo fueron. Con esa percepción, sentí como la compasión surgía en mi interior y solo le deseé lo mejor.

No sabía el nombre del soldado francés y él tampoco sabía el mío, pero cuando nos conocimos ya éramos enemigos. Llegó dispuesto a matarme por nuestra comida y yo tuve que obedecer para protegernos a mí y a mis compañeros monjes. Y, sin embargo, no éramos enemigos por naturaleza. Bajo otras circunstancias, podríamos haber llegado a ser buenos amigos, incluso a querernos el uno al otro como hermanos. Fue la guerra lo que nos separó y generó violencia entre nosotros.

Esa es la naturaleza de la guerra: nos convierte en enemigos. Personas que nunca se han conocido se matan por miedo. La guerra genera mucho sufrimiento: los niños se convierten en huérfanos, se destruyen ciudades y pueblos enteros. Todo aquel que sufre en un conflicto de estas características es una víctima. Al provenir de un contexto de enorme devastación y sufrimiento y haber vivido las guerras de Indochina y

Vietnam, deseo profundamente prevenir que vuelvan a ocurrir más guerras.

Rezo porque los países no vuelvan a enviar a sus jóvenes a luchar los unos contra los otros, ni siquiera en nombre de la paz. No acepto el concepto de guerra por la paz, ni el de «guerra justa», del mismo modo que tampoco puedo aceptar los conceptos de «esclavitud justa», «odio justo» o «racismo justo». Durante las guerras en Vietnam, mis amigos y yo nos declaramos neutrales; no nos pusimos de lado de ningún bando y no teníamos enemigos, ni del norte, ni del sur, ni franceses, ni americanos ni vietnamitas.

Un soldado francés

En 1947 vivía y estudiaba en Hue, en el instituto budista del templo Bao Quoc, no muy lejos del templo de mi ciudad natal en el que me ordenaron en la vida monástica y donde vivía normalmente. Fue durante la Primera Guerra Indochina. Por aquel entonces, el ejército francés ocupaba toda la región y había establecido una base militar en Hue. Con frecuencia oíamos los disparos entre los soldados franceses y vietnamitas. En las colinas, ambos bandos habían instalado pequeños fuertes para protegerse. Había noches en las que los aldeanos se encerraban en sus casas para protegerse de los bombardeos. Cuando despertaban a la mañana siguiente, se encontraban cadáveres de la batalla de la noche anterior en las calles, además de consignas escritas con cal y sangre. A menudo los monjes atravesaban los caminos remotos de la región, pero casi nadie más se atrevía a cruzar la zona, en especial los habitantes de

Hue, que acababan de regresar después de haber sido evacuados. A pesar de que Bao Quoc estaba situado cerca de una estación de tren, casi nadie se arriesgaba a ir a visitarlo, ¡hecho que habla por sí solo!

Una mañana, salí de Bao Quoc para hacer la visita mensual al templo de mi ciudad natal. Era bastante temprano y aún había rocío sobre la hierba. Llevaba mi hábito ceremonial y un par de *sutras* en una bolsa de tela. En la mano sujetaba el sombrero de paja en forma de cono tradicional de Vietnam. Me sentía ligero y feliz ante la idea de ver a mi maestro, a mis hermanos monásticos y el antiguo y tan venerado templo.

Acababa de cruzar una colina cuando oí que una voz me llamaba. En la cima de la colina, por encima de la carretera, vi que un soldado francés me saludaba con la mano. Pensaba que estaba riéndose de mí porque era monje, así que me di la vuelta y seguí bajando por el camino. De repente, tuve la corazonada de que no estaba riéndose. Oí las pisadas de las botas de un soldado corriendo detrás de mí. Tal vez quería registrarme; la bolsa de tela que llevaba podría haberle parecido sospechosa. Dejé de caminar y esperé. Un soldado joven con el rostro fino y hermoso se me acercó.

—¿Adónde se dirige? —me preguntó en vietnamita. A juzgar por su pronunciación, supe que era francés y que su conocimiento del vietnamita era muy limitado. Sonreí y le pregunté en francés:

—¿Si le respondiera en vietnamita, me entendería?

Cuando oyó que sabía hablar francés se le iluminó la cara. Me dijo que no tenía intenciones de registrarme y que solo quería preguntarme una cosa.

—Me gustaría saber de qué templo es —dijo.

Cuando le dije que vivía en el templo de Bao Quoc, se mostró interesado.

—El templo de Bao Quoc —repitió—. ¿Es ese tan grande que hay sobre una colina cerca de la estación de tren?

Cuando asentí, señaló una estación de bombeo que había en un lateral de la colina, al parecer era su puesto de vigilancia.

—Si no está muy ocupado, por favor acompáñeme para que podamos hablar durante un rato —pidió.

Nos sentamos cerca de la estación de bombeo y me contó que él y otros cinco soldados habían visitado más de diez días antes el templo de Bao Quoc. Habían ido al templo a las diez de la noche, en busca de la resistencia vietnamita, el Viet Minh, que supuestamente se escondía allí.

—Fuimos decididos a encontrarlos. Llevábamos armas. Nos habían ordenado que los arrestáramos e incluso que los matáramos si fuera necesario. Pero cuando entramos en el templo nos quedamos estupefactos.

—¿Porque había muchísimos Viet Minh?

—¡No, no! —exclamó él—. No nos habríamos quedado estupefactos si hubiéramos visto al Viet Minh. Los habríamos atacado sin importar cuántos de ellos se hubieran escondido allí dentro.

Me quedé confundido.

—¿Qué lo sorprendió?

—Lo que ocurrió fue inesperado. Antes, cada vez que registrábamos algún sitio la gente salía corriendo o entraba en pánico.

—Han aterrorizado a la gente tantas veces que ahora huyen porque tienen miedo —le expliqué.

—Yo no suelo asustar o amenazar a la gente —contestó él—. Puede que estén tan asustados porque las personas que llegaron antes que nosotros les hicieron daño. Pero cuando entramos en los terrenos del templo de Bao Quoc fue como entrar en un lugar totalmente desierto. Las lámparas de aceite estaban casi apagadas. Pisamos la gravilla muy fuerte a propósito y yo tenía la sensación de que había muchas personas en el templo, pero no oíamos nada a excepción del tictac de despertador. Todo estaba en silencio. Los gritos de uno de mis compañeros me hicieron sentir inquieto. Nadie respondió. Encendí la linterna y la apunté hacia la sala que creíamos vacía… y vimos a cincuenta o sesenta monjes sentados muy quietos y en silencio mientras meditaban.

—Eso es porque entrasteis durante nuestra sesión de la tarde —dije, asintiendo con la cabeza.

—Sí. Fue como si nos hubiéramos topado contra una fuerza extraña e invisible —dijo—. Nos pilló tan desprevenidos que dimos media vuelta y volvimos al patio. ¡Los monjes se limitaron a ignorarnos! No alzaron la voz para respondernos ni mostraron ningún indicio de pánico o miedo.

—No os ignoraban; practicaban para concentrarse en su respiración… eso es todo.

—Simpaticé con su calma —admitió él—. Se ganaron mi respeto. Nos quedamos en silencio en el patio a los pies de un árbol grande y esperamos durante tal vez media hora. Entonces, el sonido de las campanas rompió el silencio y el templo retomó la actividad normal. Un monje encendió una lámpara y se acercó a invitarnos a que entráramos, pero nos limitamos a decirles por qué habíamos ido y luego nos despedimos. Aquel día, mi percepción del pueblo vietnamita empezó a cambiar.

»Entre nosotros hay muchos hombres jóvenes —continuó—. Sentimos nostalgia; echamos de menos a nuestras familias y nuestro país. Nos han enviado a matar a los miembros del Viet Minh, pero no sabemos si los mataremos o si ellos nos mataran a nosotros, y nunca lograremos regresar a casa con nuestras familias. Ver lo duro que trabaja la gente de aquí para reconstruir sus vidas destrozadas me recuerda a las vidas destrozadas de mis parientes en Francia después de la Segunda Guerra Mundial. La vida pacífica y serena de esos monjes y las vidas destrozadas de los vietnamitas me hacen reflexionar sobre la vida de todos los seres humanos de la Tierra. Y me pregunto por qué hemos venido a este lugar. ¿Por qué es tan fuerte el odio que hay entre el Viet Minh y nosotros que hemos tenido que viajar hasta aquí para luchar contra ellos?

Profundamente conmovido, le agarré de la mano. Le conté la historia de un viejo amigo que se había alistado para luchar contra los franceses y que había conseguido ganar muchas batallas. Un día, mi amigo vino a visitarme al templo en el que me encontraba y cuando me abrazó, rompió a llorar. Me contó que durante un ataque a un fuerte, mientras se escondía detrás de unas piedras, vio a dos jóvenes franceses sentados conversando. «Cuando vi los rostros brillantes, bellos e inocentes de esos muchachos no fui capaz de abrir fuego, querido hermano», me dijo. «Pueden llamarme débil o blando; pueden decirme que si todos los combatientes vietnamitas fueran como yo, no tardarían mucho tiempo en tomar el control de todo nuestro país. ¡Pero, por un instante, amé a nuestro enemigo del mismo modo en que mi madre me ama a mí! Sabía que la muerte de esos dos jóvenes haría sufrir a sus madres en Francia, igual que la mía había llorado la muerte de mi hermano pequeño».

—Así que —le dije al soldado francés—, el corazón de ese joven soldado vietnamita rebosaba amor por la humanidad.

El soldado francés se sentó en silencio, absorto en sus pensamientos. Quizá, al igual que yo, empezaba a ser consciente de lo absurdo que era matar, de la calamidad de la guerra y del sufrimiento que supone que mucha gente joven muera de forma injusta y desgarradora.

Ya hacía tiempo que el sol había salido y yo debía marcharme. El soldado me dijo que se llamaba Daniel Marty y que tenía veintiún años. Acababa de terminar el instituto justo antes de que lo enviaran a Vietnam. Me enseñó fotografías de su madre y de su hermano y hermana pequeños. Cuando nos despedimos, sentí que había comprensión y amistad entre los dos, y me prometió que me visitaría en el templo los domingos.

En los meses siguientes, me visitó siempre que podía y yo lo llevaba a nuestra sala de meditación para que practicara conmigo. Le otorgué el nombre espiritual de Thanh Luong, que significa pureza, honestidad y tranquilidad; le encantó el nombre, pues evocaba a una vida pura y pacífica. Le enseñé vietnamita y, unos meses después, éramos capaces de conversar un poco en mi lengua nativa. Me dijo que ya no tenía que hacer redadas como había hecho antes y compartí su alivio. Si sus familiares le enviaban cartas, me las enseñaba. Cada vez que me veía, juntaba las palmas de las manos a modo de saludo.

Un día, invité a Thanh Luong a tomar un almuerzo vegetariano en el templo. Aceptó mi invitación de buen grado y elogió las deliciosas olivas negras y los ricos platos que le servimos. Encontró la aromática sopa de arroz y setas que mi hermano había preparado tan deliciosa que no podía creerse que fuera vegetariana. Tuve que explicarle cómo se preparaba al detalle para que se lo creyera.

Hubo días en los que nos sentábamos junto a la torre del templo y profundizábamos en conversaciones sobre espiritualidad y literatura. Alabé la literatura francesa y a Thanh Luong se le iluminaron los ojos de orgullo por la cultura de su país. Forjamos una amistad muy profunda.

Entonces, un día que vino a visitarnos, Thanh Luong anunció que su unidad iba a desplazarse a otra zona, y que era probable que pronto se le permitiera regresar a Francia. Lo acompañé a la entrada, bajo los tres arcos del templo, y nos despedimos con un abrazo.

—Te escribiré, hermano —dijo.

—Me hará muy feliz recibir tus cartas y responderlas.

Un mes después, recibí una carta de él en la que me explicaba que volvería a Francia, pero que después partiría hacia Argelia. En ella prometía que me escribiría desde allí. No he sabido nada de él desde entonces. Quién sabe dónde se encuentra Thanh Luong ahora. ¿Está a salvo? Lo único que sé es que cuando lo vi por última vez estaba en paz. Ese instante de silencio profundo en el templo lo había cambiado. Permitió que las vidas de todos los seres vivos le llegaran al corazón y comprendió lo absurda y destructiva que era la guerra. Lo que lo hizo posible fue ese instante de detenerse completa y totalmente y abrirse al océano poderoso, curativo y milagroso al que llamamos silencio.

Hierbas frescas

Durante la Guerra de Vietnam había muchas cosas de las que preocuparse. Caían bombas cada día y la gente moría. Mis pensamientos estaban completamente centrados en cómo ayudar a parar la guerra, las muertes y el sufrimiento. Pensaba que no tenía tiempo de ponerme en contacto con las maravillas curativas y revigorizantes de la vida. Debido a esta convicción, no obtuve los nutrientes y la alimentación que tanto necesitaba.

Un día, una de mis alumnas vino a ayudarme al trabajo. Había preparado una cesta de hierbas aromáticas vietnamitas, varios tipos de verduras frescas que acompañan a cada comida en Vietnam. Su belleza y aroma me asombró. Respiré hondo. Me bastó con saborear ese plato de verduras frescas para recuperar la armonía.

Pensaba que no tenía tiempo de apreciar cosas como las hierbas aromáticas, pero en aquel momento me di cuenta de que no podía permitirme estar inmerso por completo en el trabajo. También tenía que dedicarle algo de tiempo a vivir, a estar en contacto con los elementos curativos y revitalizantes que había en mí y a mi alrededor.

Como activistas tenemos el profundo deseo de ayudar al mundo. Pero si no mantenemos el equilibrio entre el trabajo y el sustento que necesitamos, no tendremos mucho éxito. Practicar la meditación caminando, la respiración consciente, permitir que nuestro cuerpo y nuestra mente descansen y establecer contacto con los elementos curativos y revigorizantes que hay en nosotros y a nuestro alrededor es crucial para nuestra supervivencia.

No rendirse

En 1964, el mismo año que empezamos la nueva versión de *La voz de la marea creciente,* fundamos la Escuela para el Servicio de Ayuda Social (SYSS). La SYSS entrenó a miles de jóvenes para que acudieran a pueblos remotos afectados por la guerra y llevaran ayuda humanitaria. Un día nos llegó la noticia de que Tra Loc, una aldea que habíamos ayudado a construir en la provincia de Quang Tri, había sido bombardeada. Estaba situada cerca de la zona desmilitarizada que separaba el norte del sur. Otros trabajadores sociales de la SYSS y yo habíamos dedicado más de un año a convertir la aldea en un lugar hermoso en el que la gente pudiera disfrutar y vivir. Un día, pasaron los aviones americanos y la bombardearon. Los habían informado de que se habían infiltrado guerrillas comunistas en ella.

Los aldeanos perdieron sus casas y nuestros trabajadores sociales se vieron obligados a refugiarse en otro lugar. Nos enviaron un mensaje en el que nos preguntaban si debían reconstruir la aldea. Respondimos: «Sí, tenéis que reconstruir la aldea». Estuvimos seis meses más reconstruyéndola y las bombas la destruyeron por segunda vez. Los aldeanos perdieron sus casas de nuevo. Habíamos construido muchas aldeas por todo el país, pero cerca de la zona desmilitarizada era muy difícil hacerlo. Así que nuestros trabajadores sociales nos preguntaron si debíamos reconstruirla por tercera vez y, tras reflexionarlo mucho dijimos: «Sí, tenemos que reconstruirla». Así que la reconstruimos por tercera vez. ¿Sabéis qué ocurrió? Las bombas americanas la destruyeron una vez más. Estuvimos a punto de perder la esperanza.

Perder la esperanza es lo peor que puede ocurrirle a un ser humano. Tuvimos que reconstruirla y la habían bombardeado por tercera vez. Nos hicimos la misma pregunta de nuevo: «¿Deberíamos reconstruirla? ¿Deberíamos rendirnos?». Lo debatimos a conciencia en nuestra sede y estuvimos a punto de rendirnos: tres veces era demasiado. Pero, al final, fuimos lo bastante sensatos como para no rendirnos. Vimos que no podíamos permitirnos no reconstruirla. Si nos dábamos por vencidos con la aldea de Tra Loc, perderíamos la esperanza. Si perdíamos la esperanza, nos sumiríamos en la desesperación. Por eso, reconstruimos la aldea por cuarta vez.

Queríamos terminar con la guerra desesperadamente, pero no podíamos, porque no estaba en nuestras manos... estaba en manos de las grandes potencias. No parecía que nadie creyera que fuera a terminar, ya que la guerra se había alargado durante mucho tiempo. Tuve que practicar mucho la respiración consciente y regresar a mí mismo. Tengo que confesar que en aquel momento no tenía muchas esperanzas, pero si no hubiera tenido ninguna, habría sido demoledor para aquellos jóvenes. Tuve que practicar en profundidad y sustentar la poca esperanza que había en mí para convertirme un refugio para ellos. En situaciones difíciles como esa, debemos regresar a casa y recobrarnos, restablecer nuestra solidez, libertad, paz y calma para continuar. Por eso es tan importante que nuestra vida tenga dimensión espiritual.

Recuerdo que por esas fechas un grupo de gente joven vino a sentarse conmigo y me preguntó: «Estimado Thay, ¿cree que la guerra acabará pronto?». En aquel momento no había indicios de que la guerra fuera a terminar, pero no quería que ni ellos ni yo mismo nos ahogáramos en un mar de desesperación. Me quedé en silencio durante unos minutos. Al final, respondí: «Queridos amigos, Buda dijo que todo es impermanente. La guerra debe terminar algún día». La pregunta es: ¿qué podemos hacer para acelerar la impermanencia? Hay cosas que podemos llevar a cabo. Es muy importante regresar a casa, a nosotros mismos, y analizar en profundidad para descubrir qué podemos hacer a diario para ayudar a mejorar la situación. Pasar a la acción nos ayuda a no dejarnos llevar por la desesperación.

El propósito de ver

Durante la guerra de Vietnam, se bombardearon muchas de nuestras aldeas. Mis hermanos y hermanas monásticos tuvieron que decidir qué hacer. ¿Debíamos continuar practicando en nuestros monasterios o teníamos que dejar las salas de meditación para ayudar a las víctimas de las bombas? Después de reflexionarlo minuciosamente decidimos hacer ambas cosas: salir y ofrecer ayuda espiritual y práctica a los demás, y hacerlo con atención plena. Lo llamamos budismo comprometido. La conciencia plena se puede comprometer. Cuando vemos que algo debe hacerse, tenemos que pasar a la acción. Ver y actuar van de la mano, de lo contrario, ¿qué propósito tendría ver?

Debemos ser conscientes de los verdaderos problemas del mundo. Solo entonces, con conciencia plena, concentración y percepción sabremos qué hacer y qué no para ayudar. Si somos conscientes de nuestra respiración y seguimos poniendo en práctica la ecuanimidad, incluso en momentos difíciles, muchas personas, animales y plantas se beneficiarán de nuestra forma de hacer las cosas. ¿Plantas semillas de alegría y paz? Yo trato de hacerlo con cada paso. La paz es cada uno de estos pasos. ¿Continuamos nuestro viaje?

El campo de aviación

Un día de 1964, estaba sentado en un campo de aviación vacío del altiplano central de Vietnam. Fue durante la guerra y yo esperaba la llegada de un avión que me llevara a Da Nang, en el norte, para valorar los daños provocados por la inundación y prestar ayuda a las víctimas de la misma. Era una situación urgente, así que tomé el primer avión que hubo disponible: un avión militar que transportaba mantas y ropa. Sin embargo, el avión solo llegaba hasta Plei Ku, en aquel altiplano. Así que me quedé sentado en la pista, solo, esperando a que llegara el siguiente avión.

Al cabo de un rato, se me acercó un oficial del ejército; también esperaba un avión. Solo estábamos los dos en el aeródromo. Me di cuenta de que era un oficial estadounidense y sentí mucha compasión hacia él. ¿Por qué había tenido que viajar hasta Vietnam para asesinar o que lo asesinaran? Guiado por aquel sentimiento, le dije: «Por lo que veo, tienes mucho miedo del Vietcong». El Vietcong eran las guerrillas comunistas vietnamitas. Él colocó la mano en el arma de inmediato y me preguntó: «¿Eres del Vietcong?».

En aquel momento, me di cuenta de que mi comentario no había sido muy acertado; había regado la semilla del miedo que había en él. Antes de que llegaran a Vietnam, les habían dicho a los oficiales del ejército estadounidense que todos en Vietnam podíamos ser del Vietcong, y todos los soldados americanos tenían miedo. Cada niño, cada madre, cada monje podría ser militante de la guerrilla. Habían educado a los soldados de ese modo para que viesen enemigos potenciales en todas partes. Había tratado de mostrarle mi apoyo pero, al oír la palabra «Vietcong», se había dejado llevar por el miedo y había recurrido a su arma.

Sabía que debía mantener la calma. Inhalé y exhalé en profundidad. Con calma, le dije: «No, estoy esperando a que llegue un avión que me llevará a Da Nang para valorar los daños causados por la inundación». Me senté muy quieto y hablé con voz calmada para transmitirle que sentía compasión por él y por las víctimas que había generado la guerra, no solo entre los vietnamitas sino también entre los americanos. Afortunadamente, me mantuve tan sereno que él recuperó la calma y soltó el arma. Si yo me hubiera dejado llevar por el miedo, podría haberme disparado, ya que estaba aterrado. Al actuar con cuidado y hablar conscientemente, ambos fuimos capaces de continuar nuestros viajes, con algo más de comprensión entre los dos.

A veces el peligro proviene del interior. Algunos accidentes no pueden evitarse pero, si actúas con serenidad y claridad, en más de una ocasión podrás apaciguar y calmar una situación potencialmente peligrosa o fatal.

El calor

En Saigón, en 1965, yo trabajaba prestando ayuda humanitaria y vivía en alojamientos estrechos en la Universidad Van Hanh. En las habitaciones hacía un calor insoportable. El techo de papel no protegía del calor abrasador y al mediodía teníamos que refugiarnos bajo las arecas. El calor extremo también nos hacía perder el apetito. En días así, escapar de la ciudad y ser capaz de volver a una aldea en el campo era tan agradable como nadar en un río fresco. Sentir el soplo de la brisa y ver los campos de arroz y las palmeras era completamente refrescante.

El señor Tu, un vecino de Saigón, intentó persuadirme de que me pusiera aire acondicionado en la habitación en la que trabajaba. Hizo todo lo posible por convencerme de los beneficios: costaría dinero, pero nos permitiría llevar a cabo el doble de trabajo.

Tenía algo de razón. Era imposible escribir cuando hacía tanto calor. Aun así, decidí no comprar uno. El problema no era el dinero; el rector había dado el visto bueno a la idea e incluso se había ofrecido a buscar uno que no fuera muy caro. Pero seríamos los únicos en nuestro vecindario pobre en tener aire acondicionado y eso cambiaría la forma en la que los demás nos veían. Una cosa era tener un coche viejo y otra muy distinta, tener aire acondicionado.

Así que decidí buscar otra solución. El señor Bay vivía solo en una casa de dos plantas al lado del templo. Salía a trabajar cada mañana en su motocicleta y no volvía hasta el atardecer. Le pregunté si podía utilizar una de sus habitaciones de la planta baja durante el calor del día y aceptó. Cuando quería escribir o trabajar sin que me molestaran las visitas, simplemente iba a la casa de al lado.

En Vietnam, los amigos te visitan cuando les apetece. Nadie llama primero por teléfono o avisa de su llegada. Al no estar en casa, evitaba ser descortés en caso de que alguien me visitara por sorpresa. Sin embargo, sí que dedicaba un par de horas cada día a trabajar en la oficina de la universidad, algo que, debido al calor agobiante, era la actividad que menos me gustaba.

Otra solución para combatir el calor era la sopa fría y dulce que vendía una mujer del vecindario. Hacía sopas de poroto y flores de areca igual que las que se hacían en el Vietnam central. A mí me gustaban las dos clases. En vietnamita, a la sopa dulce se la conoce como *che*. Es difícil describir el sabor de la *che* a alguien que no la ha probado nunca, pero está deliciosa. La vendedora las ofrecía frías. Tomarse un par de cuencos en un día caluroso era tan refrescante como beberse un buen vaso de leche de coco fría.

En el mar en tierra firme

Hace muchos años, escribí cuatro caracteres chinos en la pantalla de papel de una lámpara. Esos cuatro caracteres pueden traducirse por: «Si quieres la paz, la obtendrás inmediatamente». Unos años más tarde, en Singapur en 1976, tuve la oportunidad de poner en práctica esas palabras.

Estaba en aquel país para la Conferencia Mundial de Religiones por la Paz y tomé conciencia de la situación de los las personas que huían en patera: los refugiados vietnamitas que intentaban escapar de la persecución y la violencia que sufrían en su hogar. Por aquel entonces, el resto del mundo no sabía nada sobre los refugiados, y los gobiernos de Tailandia, Malasia y Singapur no les permitían llegar a tierra firme. Singapur tenía leyes especialmente severas. Cada vez que los refugiados trataban de desembarcar en la orilla, se les empujaba al mar para que se ahogaran.

Muchos de nosotros empezamos a organizar un programa para ayudar a los refugiados, un programa al que llamamos «Cuando se derrama sangre, sufrimos todos». Contratamos dos barcos grandes, el *Leapdal* y el *Roland,* para rescatar a los refugiados en mar abierto, y dos barcos pequeños, el *Saigon 200* y el *Blackmark,* para hacer de puente entre la orilla y los botes y transportar comida y suministros. Nuestro plan consistía en llenar los dos barcos grandes de refugiados y llevarlos a Australia y Guam, donde, cuando llegaran, se informaría a la prensa para que el mundo supiera lo grave que era su situación y no se les enviara de vuelta a su país. No basta solo con hablar de compasión; debemos ser compasivos. Teníamos que trabajar en secreto, puesto que muchos gobiernos nacionales no querían reconocer la situación en la que se encontraban los refugiados en aquel momento, y sabíamos que nos deportarían de Singapur si nos descubrían.

Logramos rescatar a casi ochocientos refugiados del golfo de Siam. En fin de año, remé en el pequeño *Saigon 200* para hablar con los refugiados que había en los barcos más grandes. Les deseé un feliz año nuevo con un megáfono. Después de despedirnos, me dirigí de nuevo a la orilla y, en la oscuridad, una ola inmensa surgió de repente y me empapó. Tuve la sensación de que el gran poder de la oscuridad me advertía: «El destino de esta gente es morir, ¿por qué interfieres?».

En Singapur, si queríamos ayudar a los refugiados, no nos quedaba más remedio que quebrantar la ley. Visitamos a los pescadores en sus casas y les dijimos: «Cada vez que rescatéis a refugiados, por favor, llamadnos. Acudiremos y los recogeremos para que el gobierno no os castigue por ayudarlos». Les dimos nuestro número de teléfono y, de vez en cuando, algún pescador nos llamaba e íbamos en taxi a recoger al refugiado. Entonces, lo llevábamos o la llevábamos a la embajada francesa por la noche, cuando estaba cerrada, lo ayudábamos a escalar el muro del recinto y le decíamos que esperaran allí hasta la mañana siguiente.

El embajador francés de Singapur de aquella época era muy compasivo. Cuando descubría a los refugiados por la mañana, llamaba a la policía de Singapur para que los recogiera. Sabía que si los entregaba él, se les consideraría «refugiados ilegales» y estarían a salvo en la cárcel. Que los encerraran era mucho mejor que los enviaran de vuelta al mar, donde habrían muerto.

El sufrimiento con el que estábamos en contacto cuando nos dedicábamos a aquello era tan profundo que si no hubiéramos tenido una reserva de fortaleza espiritual, no habríamos sido capaces de continuar. Durante aquellos días, practicamos la meditación sentada y caminando, además de comer en silencio y muy concentrados. Sabíamos que sin esa disciplina nuestro trabajo no daría resultado. Las vidas de muchas personas dependían de nuestra práctica consciente.

Por desgracia, después de que hubiéramos rescatado a más de ochocientos refugiados de pequeños botes en el mar, el gobierno de Singapur descubrió nuestro método de transportarlos a Australia en el *Roland* y el *Leapdal.* Una mañana, a las dos de la madrugada, la policía de Singapur rodeó el edificio en el que me hospedaba. Dos policías bloquearon la puerta principal, dos bloquearon la trasera y dos entraron. Me confiscaron los documentos de viaje y me ordenaron que abandonara el país en las próximas veinticuatro horas.

En aquel momento ya teníamos ochocientas personas a bordo de los dos barcos grandes. Teníamos que encontrar la forma de ponerlos a salvo en algún lugar de las costas de Australia o Guam. ¿Qué podíamos hacer? Teníamos que respirar en profundidad, conscientemente. En aquel momento de la noche, nadie respondería al teléfono. No podíamos dormirnos de nuevo. Empezamos a practicar la meditación caminando dentro de nuestro pequeño apartamento.

No permitieron que el *Saigon 200* y el *Blackmark* abandonaran el puerto para llevar comida y agua a los refugiados que había a bordo del *Leapdal* y el *Roland.* El *Roland* tenía combustible suficiente para llegar a Australia, pero se le había averiado el motor. Teníamos que conseguir llevarles comida. Hacía mucho viento y el mar estaba muy revuelto, por lo que nos preocupaba que el barco no fuera seguro, incluso que se desplazase mar adentro a la deriva, pero el gobierno de Malasia no iba a permitir que entrara en aguas malayas. Yo ya había intentado conseguir permiso para entrar en un país vecino y continuar con la operación de rescate, pero los gobiernos de Tailandia, Malasia e Indonesia no querían concederme un visado de entrada. Entonces nos llegó la voz de que a bordo de uno de los botes, del *Leapdal,* una mujer estaba dando a luz.

Aunque me encontraba en tierra firme, yo también me sentía a la deriva en el mar, porque mi vida se había unido a las de los ochocientos refugiados que había a bordo de nuestros dos barcos.

En esa situación extremadamente difícil me di cuenta de que tenía que poner en práctica las palabras «Si quieres la paz, la obtendrás inmediatamente». Me sorprendió estar tan tranquilo, no sentir miedo ni estar preocupado por nada. Mi inquietud había desaparecido: me encontraba en un estado mental relajado.

Y, aun así, tenía muchos más problemas de los que parecía posible resolver en solo veinticuatro horas. Incluso en una vida entera, muchos nos quejamos de que no tenemos el tiempo suficiente. ¿Cómo podían solucionarse tantas cosas en apenas veinticuatro horas? Juré que si no era capaz de sentirme en paz en aquel momento, nunca sería capaz de sentirme así. Si no podía estar relajado a pesar del peligro, entonces la paz que obtendría en momentos más sencillos no tendría sentido. Sabía que si no era capaz de sentirme en paz entre tantas dificultades, nunca sabría lo que era sentirse en paz de verdad. Mientras viva, nunca olvidaré esos segundos de meditación sentada, esas inhalaciones y esos pasos conscientes durante la noche.

Cuando por fin me enfrenté al problema directamente, obtuve el éxito que buscaba. A las cuatro de la mañana, se me ocurrió la idea de pedirle al embajador francés que interviniera para que pudiéramos quedarnos en Singapur diez días más para completar la operación y poner a salvo a los refugiados. Pero la embajada francesa no abría hasta las ocho, así que seguimos practicando la meditación caminando en el exterior.

Cuando se abrieron las puertas de la embajada a las ocho, ya estábamos allí. Entramos y hablamos con el embajador, que le escribió una carta al gobierno de Singapur para intervenir a nuestro favor y pedirle que nos permitieran quedarnos diez días más. Tan pronto como tuvimos la carta, nos dirigimos a la Oficina de Inmigración, donde nos enviaron al Ministerio de Asuntos Exteriores. Justo antes del mediodía, accedieron a otorgarnos una prórroga. Solo teníamos quince minutos para volver a la Oficina de Inmigración a que nos renovaran los visados para poder quedarnos diez días más. Sin la dimensión espiritual en nuestras vidas, habríamos estado perdidos.

El monje de los cocos

Durante la guerra, un monje vivía en una isla en mitad del río Mekong. Construyó una plataforma en un cocotero para meditar. Allí arriba sentía la brisa y disfrutaba al contemplar el río. El monje de los cocos hacía muchas cosas para educar a las personas sobre la paz. Organizó un centro de práctica en la isla e invitó a mucha gente a que fuera y practicara con él la meditación sentada. Coleccionaba balas y fragmentos de bombas y los transformó en una gran campana, una campana de conciencia plena que colgó en su centro de práctica. Cada mañana y cada tarde invitaba a la campana a que sonara. Escribió un poema hermoso en el que decía:

Queridas balas, queridas bombas,
Os he ayudado a uniros para practicar.
En vuestras vidas anteriores asesinasteis y destruisteis.
Pero en esta vida practicáis,

> Ayudáis a la gente a despertar,
> A que abra los ojos ante la humanidad, el amor, la comprensión.

Una vez, caminó hasta Saigón, hasta el palacio presidencial. Quería llevarle un mensaje de paz al presidente Nguyen Van Thieu. El guardia no le dejó entrar en el palacio, así que esperó fuera. Había cargado con una jaula; dentro llevaba un ratón y un gato. El gato no se comió al ratón. El guardia le dijo: «Márchate; no puedes seguir sentado aquí. ¿Qué te trae por aquí?». El monje de los cocos le respondió: «Quiero enseñarle al presidente que incluso un gato y un ratón pueden vivir juntos y en armonía».

Había cuidado de los dos de modo que el gato no sintiera el deseo de comerse al ratón. Quería demostrar que incluso un gato y un ratón pueden vivir en paz, así que, ¿por qué no iban a poder hacerlo los humanos? El monje de los cocos siempre hacía cosas de ese tipo. Puede que muchas personas piensen que estaba loco. No es cierto. Era muy coherente. Todo lo que hacía tenía el propósito de comunicar su mensaje.

La conciencia plena en la zona de batalla

En 1968, acudí a Estados Unidos a pedir el cese de los bombardeos estadounidenses en Vietnam. En mayo de aquel año, el bombardeo de Saigón había sido tan violento que habían destruido el área que rodeaba el campus de la Escuela para el Servicio de Ayuda Social. Más de diez mil refugiados acudieron a nuestro campus, muchos de ellos heridos, y tuvimos que cuidar de ellos.

No estábamos equipados para llevar a cabo esta tarea en términos de comida, higiene básica o suministros médicos, y salir del campus para obtener provisiones era muy peligroso. Cuando se nos acabó todo nuestro suministro de vendajes, las jóvenes se rompían los largos vestidos para fabricar más.

En aquella situación tan desesperada, tuvimos que evacuar a los heridos de gravedad del campus. Pero para llevarlos al hospital teníamos que cruzar el campo de batalla. Decidimos utilizar la bandera budista de cinco colores para sustituir a la de la Cruz Roja. Los monjes y las monjas se pusieron sus *sanghatis* y sus hábitos de ceremonias monásticos, y trasladaron a los heridos. La bandera budista y los hábitos *sanghati* indicaban que éramos un grupo pacífico. Por fortuna, funcionó, y evacuamos a los pacientes; de lo contrario, muchos habrían muerto.

En el tercer día de bombardeos cundió el pánico en el campus abarrotado: corría el rumor de que los anticomunistas iban a bombardear la escuela porque había muchos comunistas entre los refugiados. Al oír aquello, muchos empezaron a recoger sus pertenencias y a marcharse, pero los bombardeos eran tan frecuentes que se vieron obligados a regresar. Los comunistas y los anticomunistas luchaban justo al otro lado de nuestro campus. Entonces, Thay Thanh Van, un monje de veinticinco años y el director de la escuela, agarró un megáfono y cuando estaba a punto de anunciar que la gente no debía marcharse, de repente, se preguntó a sí mismo: «¿Y si nos bombardean de verdad?». Morirían miles de personas, ¿cómo iba él, un monje joven, a lidiar con esa responsabilidad? Así que bajó el megáfono lentamente y no lo anunció.

Thay Thanh Van se dio cuenta de que tenía que hablar con las dos partes enfrentadas. Para hacerlo, tuvo que arrastrarse por la zona de fuego para evitar que lo disparara cualquiera de los dos bandos. Primero, se dirigió a los anticomunistas y convenció al oficial al mando para que ordenar a sus aviones que no bombardearan el campus lleno de refugiados. Entonces, se dirigió a las guerrillas comunistas, que habían instalado cañones antiaéreos justo en un lateral de nuestro campus. Les pidió que no dispararan a los aviones enemigos; de lo contrario, el campus sería bombardeado como represalia. Ambas partes se sintieron conmovidas ante la petición e hicieron lo que se les pidió. Fue un milagro. En aquella misión no había llevado nada con él excepto valor, amor y compasión.

En una situación como esa, tienes que ser sumamente consciente. A veces tienes que reaccionar con rapidez y mantener la calma. Si actúas enfadado o con recelo, no podrás hacerlo. Debes tener la mente despejada. En el contexto de la guerra, crecemos más en la práctica de la no violencia. La no violencia no se basa en una serie de técnicas que puedes aprender con el intelecto. La acción no violenta surge de un modo natural de la compasión, la lucidez y la comprensión que tienes en el interior.

La petición

Durante la guerra de Vietnam, una de mis estudiantes más cercanas, la hermana Chan Khong, escribió una petición de paz. Era profesora en una universidad de Saigón y convenció a setenta de los profesores para que firmaran la petición. Poco después, hubo ataques diseminados en el sur de Vietnam por parte de las tropas del norte. La atmósfera se volvió muy tensa. Como resultado, las autoridades locales emitieron un programa en el que se pedía a todos los profesores que habían firmado la petición que acudieran al Ministerio de Educación a firmar una declaración en la que se retractaran de haber apoyado la petición de paz. Todos los profesores excepto la hermana Chan Khong obedecieron.

La llamaron para que hablara con el ministro de educación, quien le dijo que si no se retractaba de su declaración por la paz perdería su puesto en la universidad y probablemente la encarcelarían. La hermana Chan Khong estaba dispuesta a aceptar toda la responsabilidad por haber iniciado la petición.

Entonces, declaró: «Señor ministro, como profesora creo que lo más importante que podemos hacer durante esta época de asesinatos y confusión es hablar con valor, comprensión y amor. Es un regalo muy valioso que podemos otorgarles a nuestros estudiantes; y eso fue lo que hice. Usted, el ministro de educación, también fue profesor antes de tener un puesto importante en el gobierno. Eres como un hermano mayor para todos los profesores jóvenes». Al oír aquello, al ministro se le ablandó el corazón. Se disculpó y no volvió a actuar en contra de la hermana Chan Khong.

Es posible regar la semilla de la compasión incluso en situaciones tan adversas. Cuando observamos con los ojos de la comprensión y la compasión, dejamos de sentirnos víctimas de la violencia. Incluso podemos abrirle el corazón y los ojos a la persona que creemos que intenta hacernos daño. Podemos convertir a nuestros enemigos en amigos.

Martin Luther King Jr., *Bodhisattva*

Escribí por primera vez al doctor King el 1 de junio de 1965 para explicarle por qué muchos de los vietnamitas se inmolaban para protestar contra la guerra. Le expliqué que no era un acto de suicidio o de desesperación; era un acto de amor.

Hay ocasiones en las que no nos queda más remedio que quemarnos para que nos oigan, para que entiendan nuestro mensaje. Los ciudadanos de Vietnam no querían que hubiera una guerra, pero no conseguían que se les escuchara. Las dos partes enfrentadas controlaban todas las emisoras de radio, la televisión y los periódicos. Quemarnos así no era un acto de violencia. Era un acto de compasión, un acto de paz. El sufrimiento del monje que se quema para transmitir un mensaje de amor y compasión es un acto de la misma naturaleza que el de Jesucristo al morir en la cruz; es una muerte sin odio, sin ira, solo con compasión, y una llamada a la paz y a la hermandad.

Un año después, el 1 de junio de 1966, conocí al reverendo Martin Luther King Jr. en persona por primera vez en Chicago. Desde el primer momento, supe que estaba en presencia de una persona santa. Era una fuente de gran inspiración para mí, no solo por su trabajo sino por su propio ser. Cuando aquellos que representan una tradición espiritual encarnan la esencia de su tradición; la forma en que andan, se sientan y sonríen dice mucho de ella. Martin Luther King Jr. era joven por aquel entonces, igual que yo. Ambos pertenecíamos a la Hermandad de la Reconciliación, una organización que se dedicaba a ayudar a los grupos en conflicto a encontrar una solución pacífica.

Tomamos el té juntos en su habitación y, después, bajamos a una conferencia de prensa. Allí, el doctor King habló por primera vez de su oposición a la guerra de Vietnam. Aquel día aunamos esfuerzos para trabajar por la paz en Vietnam y luchar por los derechos civiles en Estados Unidos. Coincidimos en que el verdadero enemigo del hombre no es el hombre. El enemigo no se encuentra en el exterior. Nuestro verdadero enemigo es la ira, el odio y la discriminación que habita en nuestro corazón y nuestra mente. Debemos identificar al verdadero enemigo y encontrar formas no violentas de eliminarlo. Le dije a la prensa que las actividades que él llevaba a cabo a favor de los derechos civiles y humanos estaban en sintonía con nuestros esfuerzos para finalizar la guerra en Vietnam.

En mayo de 1967, un año más tarde, volví a encontrarme con Martin Luther King Jr. en Ginebra, en una conferencia llamada *Pacem in Terris* (Paz en la Tierra) organizada por el Consejo Mundial de Iglesias. El doctor King se hospedaba en el undécimo piso; yo, en el cuarto. Me invitó a subir a desayunar. Por el camino, me entretuvo la prensa y llegué tarde. Mantuvo el desayuno caliente y me esperó. Lo saludé:

—¡Doctor King, doctor King!

—¡Doctor Hanh, doctor Hanh! —respondió él.

Pudimos continuar nuestra conversación sobre la paz, la libertad y la comunidad, y sobre los pasos que Estados Unidos debía tomar para poner fin a la guerra. Y estuvimos de acuerdo en que sin una comunidad no podemos llegar muy lejos. Sin una comunidad feliz y en armonía no seríamos capaces de alcanzar nuestro sueño.

—Martin, ¿sabe qué? En Vietnam le llaman *bodhisattva,* un ser iluminado que trata de despertar a otros seres vivos y ayudarlos a acercarse a la compasión y la comprensión —le dije.

Me alegra haber tenido la oportunidad de decírselo, porque solo unos meses después lo asesinaron en Memphis.

Yo estaba en Nueva York cuando oí que lo habían asesinado. Quedé destrozado. No podía comer, no podía dormir. Juré profundamente que seguiría construyendo lo que él llamaba «la comunidad querida», no solo por mí, sino también por él. He hecho lo que le prometí a Martin Luther King Jr. Y creo que siempre he sentido su apoyo.

Preso de la consciencia

Conozco a una monja budista que se graduó en la Universidad de Indiana en Estados Unidos y que practicaba en Vietnam. La policía la arrestó y la encarcelaron a causa de sus acciones a favor de la paz y la reconciliación. Ella hizo todo lo que pudo para practicar en su celda. Era difícil, porque si la veían meditar sentada en su celda durante el día, consideraban que sentarse así y experimentar paz era un acto de provocación y desafío. Así que se lo prohibieron. Tenía que esperar a que apagaran las luces para hacerlo. Intentaron robarle incluso la oportunidad de practicar. Aun así, ella continuó haciéndolo. Practicaba la meditación caminando, aunque el espacio del que disponía era muy pequeño. También era capaz de hablar con bondad y dulzura a las personas que estaban encerradas en la misma celda. Gracias a la práctica, pudo ayudarlos a que sufrieran menos.

Tengo otro amigo vietnamita al que internaron en un campo de «reeducación» en Vietnam del Norte, en una zona remota de la selva. Durante los cuatro años que estuvo allí, practicó la meditación y vivió con paz interior. Cuando lo liberaron, su mente estaba igual de afilada que una espada. Sabía que no lo había perdido todo durante esos cuatro años. Por el contrario, sabía que se había «reeducado a sí mismo en la meditación».

Pueden quitarnos muchas cosas, pero nadie puede quitarnos nunca la determinación o la libertad. Nadie puede robarnos la práctica. Es posible conservar nuestra felicidad, paz y libertad interior incluso en casos extremos. Siempre y cuando aún seamos capaces de respirar, caminar y sonreír, estaremos en paz y seremos felices.

Soy del centro

En una ocasión, formaba parte junto con otra gente de una manifestación por el fin de la guerra de Vietnam en Filadelfia cuando se me acercó un periodista y me preguntó: «¿Es usted del Norte o del Sur?». Para él, si era del Norte era antiamericano, un comunista; y si era del Sur, era anticomunista. Yo caminaba conscientemente mientras él sostenía el micrófono. Me detuve un segundo y le respondí: «Soy del centro».

A veces, la gente tiene ciertas ideas o formas de ver las cosas y quiere encasillarte. Pero ¿qué pasa si no perteneces a ninguna de esas categorías que tienen en mente? Lo que importa es la realidad del objeto, no la palabra que utilizamos para describirlo. Un nombre es simplemente una designación convencional, no es la realidad. Debemos entrenarnos en profundidad para observar la verdadera naturaleza de la realidad.

Cuando pensamos en París, tenemos una idea, una opinión sobre París y palabras para describirlo. Pero París es muy distinto de la opinión y las palabras con las que la describimos. Tal vez hayamos visitado la ciudad durante unos días y creemos que la conocemos. Los hay que han vivido en París durante diez o veinte años y no han descubierto toda la verdad sobre la ciudad. No deberíamos confundir las palabras y las ideas con la verdad.

Un día, a finales de los ochenta, me encontraba en un comité en Ámsterdam. Un teólogo se puso en pie y me hizo una pregunta sobre una frase de *Loto en un mar de fuego,* un libro que escribí en 1967. Lo miré y le respondí: «yo no escribí ese libro». Se quedó estupefacto. Lo cierto era que yo era un ser vivo y estaba justo delante de él y él estaba interesado por un fantasma de hacía veinte años. En 1967, la situación en Vietnam y en el mundo era muy distinta. Todos y cada uno de nosotros cambiamos constantemente. No tenemos que quedarnos anclados en la idea de nosotros mismos de hace muchos años.

No estamos en China

Mientras me encontraba en Estados Unidos en 1966, di una conferencia en una iglesia de Minneapolis; después estaba muy cansado. Caminé despacio y medité hasta que llegué a mi habitación para disfrutar del aire frío y fragrante de la noche y dejar que me nutriera y curara.

Mientras caminaba conscientemente y daba cada paso con libertad, se me acercó un coche por detrás y frenó en seco muy cerca de mí. El conductor abrió la puerta de golpe, me fulminó con la mirada y gritó: «¡Estamos en Estados Unidos, no en China!», se metió en el coche de nuevo y se marchó. Es posible que pensara: «¿Quién es este chino que se atreve a caminar libremente por Estados Unidos?», y no pudiera soportarlo. Puede que pensara: «Esto es Estados Unidos; aquí solo pueden vivir los blancos. ¿Cómo os atrevéis a venir aquí, vosotros los chinos, cómo os atrevéis a caminar con tanta libertad? No tenéis derecho a caminar de ese modo. Estamos en Estados Unidos, no en China».

No me enfadé, eso es lo bueno, pensé que había sido bastante divertido. Pensé: «Si se hubiera parado un momento, le podría haber dicho "Estoy de acuerdo con usted al cien por cien, estamos en Estados Unidos, no en China; ¿por qué tiene que gritarme?"».

Sabemos que la semilla de la discriminación habita en todos nosotros. Me han gritado personas de todo tipo y de todos los colores. Dentro de cada uno de nosotros se hallan los oprimidos y los opresores, y nuestra práctica se basa en obtener la sabiduría de la no discriminación.

Cuando la gente nos llame afroamericanos, deberíamos responder: «sí». Cuando nos llamen africanos, deberíamos responder: «sí», y cuando nos llamen estadounidenses, también deberíamos responder: «sí». Cuando la gente se refiere a los discriminados, respondemos: «sí». Y cuando hablan a los que discriminan a los demás, también deberíamos responder: «sí». Somos todos ellos. Dentro de cada uno de nosotros habita la víctima de la discriminación y aquel que discrimina.

Alfred Hassler

Mi amigo Alfred Hassler trabajaba en la Hermandad de la Reconciliación en Nyack, Nueva York. Junto con el profesor George Kahin de la Universidad de Cornell, él era el responsable de llevarme a Estados Unidos para hablar sobre la guerra de Vietnam. Alfred organizó una gira para que diera conferencias en varias iglesias y universidades de Estados Unidos en 1966.

Alfred Hassler dedicó mucho tiempo a trabajar con nosotros para concienciar a todo el mundo sobre el sufrimiento de los vietnamitas durante la guerra. Trabajar por la paz le aportó mucha felicidad y placer. Después de la gira por Norteamérica, también me ayudó a organizar giras por Europa, Asia y Australia. Pasamos mucho tiempo juntos.

Un día, muchos años después, estaba a punto de dirigir un retiro de conciencia plena en el norte de Nueva York cuando me enteré de que Alfred estaba muriéndose en un hospital católico de la ciudad. El lugar no estaba muy lejos, así que la hermana Chan Khong y yo mismo, decidimos desviarnos e ir a visitarle. Cuando llegamos al hospital, Alfred ya estaba en coma. Su mujer Dorothy y su hija Laura estaban allí, y se pusieron muy contentas cuando llegamos.

La hermana Chan Khong y yo subimos a su habitación. Había estado en coma durante un tiempo y no se despertó cuando entramos. La hermana Chan Khong comenzó a cantarle una canción que yo había escrito: «Este cuerpo no soy yo; no estoy atrapado en este cuerpo. Soy una vida sin fronteras. Mi naturaleza es la naturaleza del no nacimiento y la no muerte».

Cuando empezó a cantar por tercera vez, Alfred volvió en sí. No creáis que porque una persona esté en coma ya no puedes comunicarte con ella. Háblale igualmente. De algún modo, puede percibir tu mensaje.

La hermana Chan Khong comenzó a contar historias sobre los momentos en que habíamos trabajado juntos por la paz. Explicó de nuevo muchas historias de la pacificación. «Alfred, ¿recuerdas aquel día en Roma cuando trescientos curas católicos sujetaron pancartas con el nombre de trescientos monjes budistas en Vietnam que estaban en la cárcel por negarse a alistarse en el Ejército? Alfred, ¿recuerdas aquella vez que fuimos a Copenhague?».

Siguió hablándole sobre las experiencias felices que habíamos vivido mientras trabajábamos juntos para conseguir la paz. Yo le masajeaba los pies y la hermana Chan Khong recordaba las historias. De repente, Alfred abrió la boca y musitó: «Maravilloso, maravilloso». Después de aquello volvió a entrar en coma.

Oscurecía y teníamos programada la primera charla del retiro esa misma tarde, así que teníamos que marcharnos. A la mañana siguiente, la hija de Alfred nos dijo que había fallecido a las pocas horas de que nos marcháramos, en paz y sin dolor.

Llamadme por mis verdaderos nombres

Durante los primeros años de mi exilio en Francia, me enteré de la historia de una niña de once años que había escapado de Vietnam con su familia y otros refugiados. Un pirata la violó allí mismo, en la embarcación. Su padre trató de intervenir, pero el pirata lo empujó al mar. Después de que la violaran, la niña saltó al océano para quitarse la vida. Recibimos la noticia de la tragedia un día mientras trabajábamos en nuestra oficina de la Delegación Budista por la Paz en París. Tras enterarme de este horrible suceso, no lograba conciliar el sueño.

Aquella tarde mientras meditaba sentado, me imaginé que había nacido en una familia muy pobre de pescadores en la costa de Tailandia. Mi padre era pescador. No sabía leer, nunca había ido a la escuela o al templo, nunca había recibido ninguna enseñanza budista o ningún tipo de educación. Los políticos, educadores y trabajadores sociales de Tailandia nunca habían ayudado a mi padre. Mi madre tampoco sabía leer o escribir, y no sabía cómo criar a sus hijos. Los familiares de mi padre habían sido pescadores pobres durante muchas generaciones: mi abuelo y mi bisabuelo también habían sido pescadores. Cuando cumplí los trece años, yo también me hice pescador. Nunca fui a la escuela, nunca me sentí querido o comprendido y vivía en una pobreza crónica que había persistido de una generación a otra.

Un día, otro joven pescador me dice: «Vamos a adentrarnos en el océano. Por aquí cerca pasan refugiados y a menudo llevan oro y joyas, a veces incluso dinero. Solo con un viaje podemos acabar con nuestra pobreza». Acepto la invitación, y pienso: «Solo necesitamos llevarnos algunas joyas; no les afectará, y dejaremos de ser pobres». Así que me convierto en pirata. La primera vez que salgo, ni siquiera soy consciente de que me he convertido en un pirata. Una vez estoy en el océano, empiezo a ver a otros piratas violar a mujeres jóvenes en los botes. Nunca he tocado a una mujer joven; nunca he pensado siquiera en tomarle la mano o salir con una mujer. Pero entonces, en uno de los botes veo a una mujer joven hermosa y no hay policías que puedan detenerme. He visto a otra gente hacerlo, y me pregunto a mí mismo: «¿por qué no lo pruebo yo también? Es mi oportunidad de probar el cuerpo de una mujer joven». Y eso hago.

Si hubieseis estado allí en el bote y hubierais tenido una pistola, puede que me hubierais disparado. Pero dispararme no me habría ayudado. Nadie me ha enseñado nunca a amar, a entender, a ver el sufrimiento de los demás. A mi padre y a mi madre tampoco se lo enseñaron. No sabía qué era moral y qué era inmoral. No comprendía la causa y el efecto. Vivía en la oscuridad. Si hubieseis tenido una pistola, podríais haberme disparado y me habría muerto. Pero eso no me hubiera ayudado en absoluto.

Mientras seguía sentado, vi a cientos de bebés nacer aquella misma noche por la costa de Tailandia en circunstancias similares, muchos de ellos niños. Si los políticos y ministros culturales lo analizaran en profundidad, verían que en veinte años esos bebés se convertirían en piratas. Cuando fui capaz de ver aquello, entendí las acciones del pirata. Cuando me puse en la situación de nacer en una familia pobre y sin educación, generación tras generación, vi que no sería capaz de evitar convertirme en pirata. Cuando me di cuenta de aquello, sentí compasión por ese hombre.

Cuando pensé en aquellos bebés que nacían y crecían sin ningún tipo de ayuda, supe que tenía que hacer algo para que no se convirtieran en piratas. La energía de un *bodhisattva,* un ser compasivo de amor ilimitado, creció dentro de mí. Dejé de sufrir. Pude aceptar no solo el sufrimiento de la niña de once años a quien violaron, sino también el sufrimiento del pirata.

Cuando os dirigís a mí como «Venerable Nhat Hanh», yo respondo: «sí». Cuando me llamáis por el nombre de la niña que violaron, también respondo: «sí». Si pronunciáis el nombre del pirata, también diré: «sí». Dependiendo del lugar en el que hubiera nacido y de las circunstancias bajo las que hubiera crecido, podría haber sido la niña o podría haber sido el pirata.

Soy el niño de Uganda o del Congo, todo piel y huesos, con las piernas igual de delgadas que las ramas de bambú. Y también soy el vendedor que trafica con armas letales en el Congo. Esos pobres niños del Congo no necesitan bombas; necesitan comida. Pero aquí, en Estados Unidos, vivimos de fabricar bombas y armas. Y si queremos que otros compren armas y bombas, tenemos que provocar guerras. Si me llamáis por el nombre del niño del Congo, respondo: «sí». Si os dirigís a mí con el nombre de aquellos que fabrican bombas y armas, también respondo: «sí». Cuando soy capaz de entender que soy todas esas personas, mi odio desaparece y estoy decidido a vivir de un modo que pueda ayudar a las víctimas y a aquellos que provocan y perpetran guerras y destrucción.

Curar las heridas de la guerra

Hemos organizado muchos retiros de meditación con veteranos de la guerra de Vietnam en Estados Unidos. Son maravillosos, pero no siempre son fáciles, porque muchos veteranos todavía luchan contra el dolor. Durante un retiro a principios de los noventa, un caballero me explicó que en Vietnam se habían perdido cuatrocientas diecisiete personas en solo una batalla de un día. Ha tenido que vivir con ello desde entonces.

Un soldado me dijo que el retiro era la primera vez en quince años que se había sentido seguro rodeado de un grupo de personas. Durante quince años, no había sido capaz de ingerir comida sólida fácilmente. Había dejado de hablar con otras personas. Pero después de tres o cuatro días de practicar la meditación sentada y caminando, había empezado a abrirse y a hablar con los demás. Tienes que ofrecerle mucha bondad a gente como ellos para ayudarlos a estar en contacto con la vida profundamente de nuevo. Durante el retiro, nos animamos unos a otros a recordar los muchos elementos positivos y curativos que hay en nuestro interior y a nuestro alrededor.

Desayunamos en silencio. Dimos pasos conscientes y pacíficos mientras practicábamos la meditación caminando y estábamos en contacto con la tierra con amor y compasión. Respiramos conscientemente para contactar con el aire fresco y observamos nuestras tazas de té en profundidad para estar en contacto con el té, el agua, las nubes y la lluvia. Nos sentamos juntos, respiramos juntos, caminamos juntos y tratamos de aprender de nuestra experiencia en Vietnam.

Los veteranos han vivido experiencias que los convierten en la luz que hay en el extremo de la vela, que ilumina los orígenes de la guerra y el camino hacia la paz. Podemos aprender muchísimo de su sufrimiento. Nada existe por sí solo. Todos tenemos un lugar entre los demás; no podemos cortar la realidad en pedazos. Mi felicidad es tu felicidad; mi sufrimiento es tu sufrimiento. Nos curamos y transformamos juntos. Cada bando es «nuestro bando»; no existe el bando malo, no tenemos enemigos.

La práctica es un bote

Conocí a un veterano de la Guerra de Vietnam que había asesinado a cinco niños vietnamitas inocentes durante la guerra y que no podía perdonarse a sí mismo por su crimen. Su unidad había caído en una emboscada y habían matado a muchos de sus amigos; solo él y unos pocos más sobrevivieron. Estaba furioso. Para contraatacar, puso una trampa en la aldea donde habían muerto sus amigos. Hizo bocadillos de carne y otros alimentos, puso explosivos entre las rodajas de pan y los dejó cerca de la entrada de la aldea.

Luego, se escondió a observar. Pronto salieron varios niños, descubrieron los bocadillos y empezaron a comérselos. Mientras los observaba, vio como los niños rompían a llorar y sufrían terriblemente. Los padres corrieron hacia ellos, desesperados. Querían llamar a una ambulancia, pero era un lugar muy remoto y era imposible que una llegara. El soldado sabía que aunque hubiera habido una ambulancia, habría sido demasiado tarde para salvar a los pequeños. Los vio morir en agonía en brazos de sus padres.

Desde que regresó a Estados Unidos, no lograba dormir. Si estaba solo con niños en una habitación, sentía un dolor insoportable y salía corriendo de allí lo más rápido posible. No podía hablar del tema con nadie, excepto con su madre, que le dijo: «Querido hijo, así es la guerra. Siempre suceden cosas así». Eso no lo ayudaba, por lo que seguía sufriendo. No podía perdonarse haber asesinado a aquellos cinco niños.

Explicó su historia en el primer retiro que organizamos para veteranos de Vietnam. Fue un retiro muy difícil. Muchos veteranos habían acudido aconsejados por sus psicoterapeutas, pero sospechaban que el retiro podía ser una emboscada para asesinarlos, en especial porque lo dirigía un monje budista vietnamita.

Un día, durante la meditación caminando, vi que un hombre avanzaba por detrás del grupo y nos seguía a unos veinte metros de distancia. Cuando alguien le preguntó por qué no caminaba junto a nosotros, explicó que si había una emboscada, al quedarse atrás tendría tiempo de escapar. Otro de los veteranos no podía dormir en un dormitorio. Montó una tienda en el bosque para dormir solo y colocó trampas alrededor de la misma para protegerse. Muchos no podían ni mediar palabra.

Un día, me acerqué al veterano que había asesinado a los cinco niños con bocadillos envenenados y le dije: «Es cierto que asesinaste a cinco niños, pero también es cierto que hoy puedes salvar a cinco niños».

Hay niños muriendo por todo el mundo, incluso en Estados Unidos, a causa de la violencia, la pobreza y la opresión. En algunos casos, solo necesitaríamos un poco de medicina, comida o ropa para salvarlos. Le pregunté al veterano: «¿Por qué no dedicas tu vida a salvar a niños como esos? Asesinaste a cinco niños, pero ahora tienes la oportunidad de salvar a cincuenta. En el momento presente puedes curar el pasado».

Practicar la conciencia plena es como tener un bote. Mientras sigas practicando, mientras permanezcas en el bote, no te hundirás ni te ahogarás en el río del sufrimiento.

El veterano internalizó esas palabras poco a poco. Dedicó su vida a ayudar a los niños y, en el proceso, sus acciones lo curaron. El momento presente contiene el pasado y, si puedes vivir profundamente en el momento presente, serás capaz de curar el pasado. No tienes que esperar a que ocurra algo.

Las primeras flores

Crecí en Vietnam. Me hice monje en Vietnam. Aprendí y practiqué el budismo en Vietnam. Y antes de venir a occidente, enseñé a varias generaciones de estudiantes budistas en Vietnam. Pero ahora puedo decir que fue en occidente donde encontré mi camino.

En 1961, recibí una beca de la *Asian Foundation* para estudiar religión comparada en la Universidad de Princeton y fue allí donde empecé a tener muchas percepciones profundas; flores y frutos de la práctica. Para mí, ir a Princeton fue como entrar en un monasterio. En aquel momento, era una universidad solo para hombres, no había mujeres, y yo vivía en el Brown Hall del Seminario Teológico. El ambiente era pacífico y saludable. Era muy distinto de la intensidad y la presión que había dejado atrás en Vietnam. Tenía mucho tiempo de practicar la meditación caminando por los caminos de la facultad. En Princeton vi la nieve de invierno por primera vez, mi primera primavera y mi primer otoño. Fue allí donde probé de verdad, por primera vez, la paz de vivir felizmente en el momento presente.

La atención plena es mi práctica de meditación básica. Atención plena significa vivir en el momento presente y ser consciente de todo: de los elementos positivos y negativos que hay tanto en nosotros como a nuestro alrededor. Aprendemos a sustentar lo positivo y a reconocer, aceptar y transformar lo negativo.

Podemos recordarnos cada día que la práctica no se basa en llegar a algún sitio o conseguir algo. La alegría y paz que buscamos son la práctica en sí. La práctica es el destino. Es posible vivir feliz en el momento presente para todos y cada uno de nosotros.

El bosque de bambú

Cuando dejé Estados Unidos para volver a Vietnam en 1964, empecé a vivir en el ajetreado centro de Saigón. Allí establecí la Universidad Budista Van Hanh, publiqué *La voz de la marea creciente* y allané el terreno para la apertura de la Escuela para el Servicio de Ayuda Social. Dedicaba tanto tiempo como podía en el Templo del Bambú (Truc Lam) en el distrito de Go Vap, Gia Dinh, fuera de la ciudad, para disfrutar de la calma y el hermoso ambiente del lugar.

Una mañana, en mi pequeña cabaña en Truc Lam, me desperté muy temprano, sobre las tres en punto. Cuando puse los pies en el suelo de tierra, el frío hizo que me sintiera despejado. Estuve en esa posición durante casi una hora. Mientras miraba la oscuridad, escuché las primeras campanas de la mañana. Aunque no podía distinguir objetos, sabía que el ciruelo y el matorral de bambú estaban allí. En la oscuridad de la noche, sabía que estabas allí, porque yo lo estaba.

Tú estás ahí para mí, y yo estoy aquí para ti; en eso se basa la enseñanza del interser. La conciencia es siempre la conciencia de algo: el conocimiento siempre incluye un sujeto y un objeto.

El brazo estirado del conocimiento
En el destello de un relámpago,
Se unen a un millón de eones de distancia,
Se unen el nacimiento y la muerte,
Se unen el que sabe y lo sabido.

3

El florecimiento de Plum Village

Ermita en el viento

Hace más de treinta años, disfrutaba de un retiro solitario en la ermita de la Comunidad de los Boniatos en el norte de Francia, en un bosque llamado *la Forêt d'Othe.* Me gustaba sentarme y caminar por aquellos bosques. Una mañana muy bonita decidí pasar todo el día en el bosque, así que agarré un bol de arroz, varias semillas de sésamo y una botella de agua, y partí. Planeaba pasar fuera todo el día, pero sobre las tres de la tarde unas nubes negras empezaron a arremolinarse en el cielo. Antes de salir de la ermita aquella mañana, había abierto la puerta y todas las ventanas para que entrara la luz del sol y pasara la brisa fresca. Pero, muy pronto, el viento empezó a soplar con más fuerza y sabía que tenía que regresar para proteger la ermita.

Cuando llegué a casa, vi que la ermita estaba muy desordenada. Las fuertes ráfagas de viento habían esparcido los papeles que había dejado en el escritorio por todas partes. Hacía frío y estaba a oscuras. Lo primero que hice fue cerrar la puerta y las ventanas para que el viento dejara de causar estragos. A continuación, encendí un fuego en la chimenea y, a medida que se avivaba, empecé a recoger todas las hojas de papel del suelo, las apilé en la mesa, coloqué un pequeño ladrillo encima de ellas y traté de volver a limpiar y organizar la ermita. Muy pronto, el fuego calentó la estancia e hizo que fuera agradable y acogedora de nuevo. Me senté junto a él, me calenté las manos y me detuve a escuchar el viento y la lluvia del exterior.

A veces sientes que hoy no es tu día y que todo te sale mal. Por más que lo intentes, siempre ocurre lo peor. Todos tenemos días así. Cuando esto sucede, es momento de detenerse, volver a casa, cerrar las ventanas y refugiarse en uno mismo. Los ojos, los oídos, la nariz, la lengua, el cuerpo y la mente son las seis ventanas de la conciencia que debes cerrar cuando todo te parece un caos. Ciérralo todo para evitar que el vendaval irrumpa y te haga sentir desdichado.

Cierra las ventanas y la puerta y enciende un fuego. Practica la respiración consciente para generar sentimientos de calidez, intimidad y comodidad. Reorganízalo todo: tus sentimientos, percepciones y emociones se han desperdigado, y en tu interior todo es un desastre. Reconoce y acepta cada emoción. Recógelas del mismo modo que yo recogí todas las hojas de papel que se habían desperdigado por la ermita. Practica la respiración consciente y la concentración y ordénalo todo en tu interior. Esto te ayudará a restaurar la calma y la paz.

Si solo dependemos de las condiciones externas, estaremos perdidos. Necesitamos un refugio del que podamos depender siempre, ese refugio es la isla de uno mismo. Si nos establecemos con firmeza en la isla que tenemos en nuestro interior, estaremos a salvo. Podemos dedicar tiempo a recuperarnos, a restaurarnos y a fortalecernos hasta que estemos preparados para salir de nuevo e interactuar de nuevo.

Aunque seas muy joven, puedes encontrar esa isla que hay en tu interior. Cada vez que sufras mucho y nada parezca ir bien, déjalo todo y refúgiate en tu isla. Refúgiate en tu interior todo el tiempo que necesites. Puede que sean cinco, diez, quince minutos o media hora. Te sentirás más fuerte y mucho mejor.

Disfruta del saco de dormir

En 1969, a petición de la Iglesia Budista Unificada de Vietnam, ayudé a establecer la Delegación Budista por la Paz en los acuerdos de París. Era mi tercer año de exilio y había buscado asilo en Francia. Los acuerdos ya estaban en marcha, pero la voz de los ciudadanos de Vietnam, que querían la paz y el fin de la guerra, estaba ignorándose.

La sede de la Delegación Budista por la Paz en París era un apartamento muy pequeño en el pobre distrito 18. Muchas personas se hospedaban juntas y estaba tan abarrotado que, en alguna ocasión, la hermana Chan Khong tenía que preguntar si podía dormir en un restaurante del barrio porque no quedaba espacio en el suelo.

Encontrar comida y ropa suficiente para todos era un desafío. En lugar de comprar arroz normal en un supermercado, comprábamos arroz roto más barato, que a menudo se vendía como comida para pájaros en la tienda de animales. Un día, el hombre que nos vendía el arroz roto nos preguntó: «¿Por qué compráis tanto arroz? Debéis tener muchos pájaros en casa».

Respondimos: «¡Sí, son nueve en total y todos son muy grandes!». E hicimos un gesto con las manos para enseñarle lo grandes que eran los pájaros.

A pesar de las adversidades, nuestras vidas estaban repletas de felicidad. Encontré un lugar en el que enseñar y recibía un salario de mil francos franceses cada mes. Otros miembros de la delegación también tuvieron que buscar trabajo. La hermana Chan Khong, que había sido profesora en la Universidad de Saigón, enseñaba matemáticas y daba clases de repaso a jóvenes para complementar nuestros ingresos. Hice un curso de impresión profesional. Teníamos una prensa y fabricábamos libros para los refugiados con el fin de aliviar su sufrimiento y ayudarlos a aprender lenguas extranjeras para que pudieran instalarse en otros países.

Trece años después, encontramos unas tierras en el sudeste de Francia y fundamos el centro de práctica de conciencia plena Plum Village. Nunca quise construir un monasterio lujoso y bonito. Todo el dinero que se nos ofrecía lo enviábamos a Vietnam para ayudar a los hambrientos y a las víctimas de las inundaciones. Todavía hay muchas personas que visitan Plum Village y duermen en sacos de dormir. Yo dormía en un colchón de espuma muy fino en una tabla sobre cinco ladrillos, uno debajo de cada extremo y el quinto en el centro. Dormir en sacos de dormir o en tablas no nos impedía ser felices.

El Peugeot

En los setenta, pocos años después de haber llegado a Francia, los de nuestro grupo compramos un coche pequeño, un Peugeot de segunda mano. Recorrimos toda Europa en él y no solo lo utilizamos para transportar personas, sino también arena, ladrillos, herramientas, libros, comida y muchos otros materiales que nos hacían falta cuando iniciamos la Comunidad de los Boniatos en un caserío cerca de Troyes. Lo utilizamos para cubrir todas estas necesidades, y lo tuvimos durante muchos años. Cuando era tan viejo que ya apenas funcionaba, nos costó mucho desprendernos de él. Nos habíamos encariñado con nuestro pequeño Peugeot, porque el coche y nosotros habíamos pasado por muchas cosas juntos. Había sobrevivido a averías, accidentes e incontables reparaciones. Mis amigos y yo estábamos muy tristes la noche en que tuvimos que desprendernos de él.

No sé si la gente desarrolla vínculos tan profundos con los objetos que compra hoy en día. Muchas personas desean tener lo mejor, y los fabricantes y anunciantes lo saben. No es un accidente que los productos de hoy en día no estén hechos para durar mucho.

Los objetos de nuestro deseo cambian constantemente. Y nuestras ganas de tener los objetos que consumimos también cambian de un momento a otro. Siempre perseguimos algo nuevo. Puede que durante un tiempo nos encaprichemos con algo que hayamos comprado, pero pronto lo dejamos de valorar, nos aburrimos, lo tiramos y compramos otra cosa.

Conforme practicas la conciencia plena, reclamas tu vida. Empiezas a ver cuánto tiempo desperdicias en el consumo vacío y sin sentido. Al observar en profundidad, vemos que ese consumo vacío no nos aportará felicidad duradera, solo sufrimiento.

El señor Mounet y los cedros

La primera propiedad que compramos para Plum Village fue una vieja granja con unas veintiuna hectáreas de tierras cultivadas y varios edificios de piedra: un granero grande, establos y almacenes.

Plantamos 1 250 ciruelos con el dinero que nos habían donado los niños que venían a practicar a nuestro centro. Por eso lo llamamos Plum («ciruela», en inglés) Village. Muchos de los niños utilizaron sus pagas para comprar ciruelos. Plantar un ciruelo costaba quince francos franceses. Plantamos 1 250 árboles porque ese era el número de monásticos que había en la Sangha original de Buda. Pensábamos secar las ciruelas para cultivar pasas y hacer mermelada de ciruela, y después venderlas para enviar los beneficios a los niños hambrientos de Vietnam. Por aquel entonces, solo éramos unos pocos monásticos y cuidábamos de varios refugiados vietnamitas. Restaurar la propiedad ruinosa y hacerla habitable costaba mucho trabajo. Se requería muchísimo trabajo físico, y también tuvimos que aprender a cultivar la tierra en un clima muy distinto al de nuestro país de origen.

Tuvimos la suerte de tener un vecino que era un verdadero *bodhisattva,* el señor Mounet. Él vivía en la casa principal original de la granja, y estaba situada muy cerca de nosotros. Nos ayudó enormemente: nos prestó sus herramientas, nos enseñó qué plantar y cuándo, y siempre estaba alegre sin importar lo que ocurriera. El señor Mounet era un hombre grande y muy fuerte. Confiábamos en él y lo queríamos mucho.

Quedé muy conmovido cuando un día me contaron que había muerto de un infarto, sin previo aviso.

Nos ocupamos de preparar el funeral y enviarle apoyo espiritual y energía. Una noche, sentía tanto dolor por la pérdida de nuestro amigo que no podía dormir. Mientras practicaba la meditación caminando para aliviar la tristeza que sentía por su muerte, me vino a la mente una imagen del señor Mounet. Sin duda, se trataba del señor Mounet, pero no del señor Mounet que yo había conocido. Era el señor Mounet de niño, que esbozaba una sonrisa de Buda, feliz y tranquilo. Era la bondad del señor Mounet sonriéndome, que seguía viva en mi interior.

Perder a un amigo como él fue muy doloroso. Tuve que dar una conferencia a la mañana siguiente, quería dormir pero no podía, así que practiqué la respiración. Era una noche de invierno fría y estaba tumbado en la cama visualizando los bonitos árboles del patio de mi ermita.

Años atrás, había plantado tres cedros hermosos de una variedad del Himalaya. Ahora son muy grandes y cuando caminaba meditando me detenía y los abrazaba mientras inhalaba y exhalaba. Los cedros siempre respondían a mi abrazo, estoy seguro. Así que me tumbé en la cama, inhalé y exhalé, y me concentré en los cedros y en mi respiración. Me sentí mucho mejor, pero seguía sin poder dormir.

Al final, me imaginé a una encantadora niña vietnamita que se apodaba Pequeña Bambú. Vino a Plum Village cuando tenía dos años y era tan adorable que todos querían cogerla en brazos, en especial los niños pequeños. ¡Casi no dejaban que la Pequeña Bambú caminara por el suelo! Practiqué la respiración y sonreí con el recuerdo. En solo un instante, me quedé profundamente dormido.

Todos necesitamos una reserva de recuerdos y experiencias que sean hermosos, sanos y lo bastante fuertes para ayudarnos en momentos difíciles. A veces, cuando nuestro dolor es inmenso, no podemos estar en contacto de verdad con las maravillas de la vida. Necesitamos ayuda. Pero si tenemos un almacén fuerte de recuerdos y experiencias felices, podemos rememorarlas para aceptar el bloqueo de dolor que hay en nuestro interior.

Es probable que tengas un amigo muy cercano que te entienda profundamente. Solo estar con él sin decir nada ya es un gran consuelo. En momentos difíciles, puedes invitar a la imagen de tu amigo para que ambos podáis respirar juntos. Te sentirás mejor enseguida.

Cada vez que estés con ese amigo, serás capaz de restablecer tu armonía. Por eso cuando estás sentado o caminando con él debes practicar la conciencia plena para sentir su presencia por completo. Esto te ayudará a encontrar la fuerza interior para sentirte bien cuando te quedes solo de nuevo. Pero si solamente utilizas la presencia de ese amigo para aliviar tu sufrimiento, el recuerdo no será lo bastante fuerte como para sustentarte cuando regreses a casa. Cada experiencia positiva que vivimos plenamente y con atención es como plantar una semilla saludable en nuestra conciencia. Tenemos que practicar la atención plena en todo momento para plantar semillas positivas y curativas en nosotros mismos. Así, cuando las necesitemos, serán capaces de cuidar de nosotros.

Pinos parasol

Celebramos nuestro primer retiro de verano para familias en la Ermita de los Boniatos en el norte de Francia.

Sin embargo, era un centro tan pequeño que no había espacio suficiente para todos. Así que viajamos al sur para buscar terrenos y establecer un centro de práctica que tuviera capacidad para más gente.

Cuando vimos el Upper Hamlet por primera vez, me gustó enseguida porque era hermoso. Vi el camino que podríamos utilizar para practicar la meditación caminando y me enamoré de él a primera vista. Sin embargo, el señor Deson, el propietario de las tierras, no quería vender la propiedad. Le encantaban esos terrenos y había sido granjero allí durante mucho tiempo.

Seguimos buscando tierras y, unos días más tarde, el 28 de septiembre de 1982, encontramos el Lower Hamlet y lo compramos. Pero seguíamos queriendo el Upper Hamlet, así que seguimos pendientes de lo que ocurría con el terreno. Ese año hubo una granizada que destruyó todos los viñedos de la propiedad del señor Deson. Este se enfadó y puso los terrenos a la venta por un precio muy alto, sin tener la intención de venderlo. A pesar del alto precio, lo compramos porque nos gustaba mucho.

Anh Thieu vino desde Vietnam en bote con su mujer y sus dos hijos. Fueron las primeras personas en ayudarnos a construir Plum Village. Desde el invierno de 1982 hasta el verano de 1983 tuvimos que trabajar muchísimo. A principios de 1983, comenzamos a plantar algunos árboles en el Upper Hamlet. Los primeros árboles fueron seis pinos parasol. Los terrenos del Upper Hamlet estaban cubiertos de rocas, así que necesitábamos la ayuda de un granjero local que tuviera una máquina para cavar hoyos para los árboles. Pusimos un poco de estiércol de vaca al fondo de cada hoyo. Aquel día llovía y todos nos empapamos. Después de aquello, enfermé y estuve en cama durante tres semanas. Todos se preocuparon. Por suerte, unos días después, pude levantarme y comer sopa de arroz.

Por aquel entonces, llamamos a nuestro nuevo hogar Persimmon Village. En los años cincuenta, teníamos la Comunidad de las Palmas Fragantes en el bosque de Dai Lao en el altiplano central de Vietnam, pero la Escuela para el Servicio de Ayuda Social necesitaba un centro más cerca de la ciudad. Cuando escribí el libro *El milagro de mindfulness,* mencioné la idea de fundar un centro de práctica llamado Persimmon Village. Ocho años después, nuestra visión se hizo realidad. Queríamos plantar caquis, pero no nos pareció muy práctico, así que en su lugar plantamos ciruelos. Éramos muy ingenuos al pensar que si plantábamos muchos ciruelos podríamos generar el beneficio suficiente como para mantenernos. No éramos horticultores así que no nos fue muy bien; obtuvimos más flores de ciruelo que ciruelas. El nombre de Plum Village era muy bonito, así que cambiamos el nombre de Persimmon Village a Plum Village.

Encuadernar libros

Durante los primeros años de Plum Village, disfrutaba mucho de encuadernar libros. Era un método sencillo: con un cepillo de dientes, una rueda pequeña y un ladrillo a prueba de fuego de un kilo o dos, normalmente conseguía encuadernar dos libros al día. Antes de encuadernarlas, juntaba todas las páginas y las ordenaba numéricamente en torno a varios tablones largos. Entonces, caminaba de un lado al otro de las filas y, cuando había hecho todo el recorrido, sabía que tenía el número de páginas suficiente para una sección. Mientras caminaba, sabía que no iba a ningún sitio en particular, así que lo hacía lentamente, y recogía cada página consciente de cada movimiento y respirando con suavidad, presente en cada inhalación. Me sentía en paz al recoger las páginas, pegarlas y ponerle las cubiertas a los libros.

Sabía que no podía fabricar tantos libros al día como un encuadernador profesional o una máquina, pero también sabía que me encantaba mi trabajo. Si quieres ganar mucho dinero, tienes que trabajar duro y rápido, pero si quieres vivir una vida sencilla, puedes trabajar poco a poco y conscientemente.

¿Qué necesitarías para disfrutar de tu trabajo?

Zumo de manzana y piñas

Un día, cuatro niños jugaban en nuestra Comunidad de los Boniatos, a las afueras de París. Uno de ellos era Thanh Thuy, que todavía no tenía los cuatro años y medio. Los otros tres eran sus amigos de la escuela. Thuy vivió con nosotros durante varios meses mientras su padre buscaba trabajo en París. Los cuatro niños salieron a jugar a la ladera que había detrás de la casa y estuvieron allí durante aproximadamente una hora. Cuando regresaron y pidieron algo para beber, agarré nuestra última botella de zumo de manzana casero y les serví a todos un vaso, serví a Thuy la última. Como su zumo era el que quedaba en el fondo de la botella, tenía un poco de pulpa. Cuando se fijó en los trocitos, puso mala cara y se negó a bebérselo. Así que los cuatro niños volvieron a jugar a la ladera. Thuy no había bebido nada.

Media hora después, mientras meditaba en mi habitación, oí que me llamaba. Thuy quería servirse un vaso de agua fría pero, incluso de puntillas, no llegaba al grifo. Le recordé que encima de la mesa estaba el vaso de zumo y le pedí que se lo bebiera primero. Se giró a mirarlo y vio que la pulpa se había asentado en el fondo y el zumo tenía un aspecto claro y delicioso. Se acercó a la mesa y agarró el vaso con ambas manos. Después de beberse la mitad, lo dejo y me preguntó: «¿Es un vaso de zumo diferente, abuelo monje?». «Abuelo monje» es un apodo común que los niños vietnamitas utilizan para dirigirse a un monje más mayor.

«No», le respondí. «Es el mismo que antes. Ha estado reposando durante un rato y ahora es transparente y delicioso». Thuy miró el vaso de nuevo. «Está muy rico. ¿El zumo estaba meditando como tú, abuelo monje?». Reí y le di unas palmaditas en la cabeza. «Podría decirse que imito al zumo de manzana cuando me siento; es en parte cierto».

Sin duda, Thuy creía que el zumo de manzana reposaba durante un rato para aclararse, igual que su abuelo monje. Creo que Thuy, que ni siquiera llegaba a los cuatro años y medio, había entendido el significado de la meditación sin que se lo explicaran. El zumo de manzana se aclara tras reposar un rato. Del mismo modo, si reposamos mientras meditamos, nosotros también nos aclaramos. Esta claridad nos revitaliza y nos da fuerzas y serenidad. Cuando nos sentimos revitalizados, el ambiente que nos rodea también se revitaliza.

Aquella noche, después de que los niños se hubieran ido a dormir, llegó un invitado. Llené un vaso con el zumo de manzana que quedaba y lo coloqué en la mesa que había en el centro de la sala de meditación. Invité a mi amigo a que reposara en silencio, igual que el zumo de manzana.

En otra ocasión, durante unas vacaciones escolares, Thuy y yo dimos un paseo y recogimos piñas. Ella me dijo que la tierra trae al mundo las piñas para que podamos utilizarlas para encender fuegos y calentarnos durante el invierno. Yo le respondí que las piñas existían para fomentar el crecimiento de los pinos, no para encender fuegos. En lugar de decepcionarla, mi explicación hizo que le brillaran los ojos con más fuerza.

La felicidad de escribir

Durante los primeros años de Plum Village, pasaba mucho tiempo en el Upper Hamlet. La sala se encontraba en el primer piso del edificio de piedra, encima de lo que antes era la librería.

Por aquel entonces, yo estaba escribiendo el libro *Camino viejo, nubes blancas.* Todavía no teníamos calefacción central. En la pequeña sala que había encima de la librería solo había una estufa de leña, y hacía mucho frío. Escribía con la mano derecha y sostenía la izquierda sobre la estufa. Escribir me hacía muy feliz. De vez en cuando, me levantaba y me preparaba una taza de té. Las pocas horas que dedicaba a escribir cada día eran como sentarse junto a Buda para tomar el té. Sabía que los lectores serían muy felices al leer el libro porque yo me sentía muy feliz mientras lo escribía.

Escribir *Camino viejo, nubes blancas* no fue una tarea difícil; era un momento de descubrimiento que me producía una alegría inmensa. Algunos apartados eran más complicados de escribir que otros. Uno de los más difíciles fue el que describía cómo Buda enseñaba a los tres hermanos Kashyapa, que se convirtieron en discípulos suyos. Muchos afirmaban que Buda había tenido que obrar milagros para convencerlos, pero yo quería demostrar que lo hizo con gran compasión y comprensión. La capacidad de comprensión y compasión de Buda no tenía límites, ¿por qué iba a tener que utilizar poderes milagrosos? Tenía fe ciega en que sería capaz de escribirlo desde ese punto de vista. Resultó ser el capítulo más difícil de escribir para mí.

El segundo capítulo que más me costó fue el que describía el momento en que Buda regresó a visitar a su familia tras la iluminación. Aunque para entonces ya era un ser iluminado, seguía siendo el hijo de sus padres y el hermano de sus hermanos. Yo quería escribirlo de un modo que conservara sus cualidades humanas. La forma en que sujetó la mano de su padre durante el reencuentro, la forma en que se entendía con su hermana pequeña, con su antigua esposa Yasodhara y su hijo Rahula, todo era muy natural. Solo podía escribir del modo en que lo hacía porque sentía que los maestros ancestrales me respaldaban. El propósito de *Camino viejo, nubes blancas* era ayudar a los lectores a descubrir a Buda de nuevo como ser humano. Traté de deshacerme del halo místico que la gente a menudo le atribuye. Si no vemos a Buda como ser humano, es difícil sentirnos cercanos a él y comprenderlo.

Té de loto

Hace unos años, en Vietnam la gente salía a navegar en pequeños botes por un estanque de lotos y colocaba hojas de té sobre una flor de loto abierta. La flor se cerraba al anochecer y perfumaba el té por la noche. Después, durante la paz de la mañana, cuando el rocío todavía brillaba en las grandes hojas de loto, volvían en bote con amigos para recoger el té. En el bote llevaban todo lo necesario para preparar un té delicioso y aromático: agua hirviendo, tazas y una tetera. Preparaban el té allí mismo, bajo la hermosa luz del alba, para disfrutar de la mañana y de bebérselo en el estanque. Hoy en día puede que tengamos estanques de flores de loto, pero no parecemos tener tiempo para detenernos a observarlos, y mucho menos para disfrutar de preparar té y bebérnoslo de ese modo.

En Plum Village, muchas veces practicamos la meditación del té. Estas meditaciones son un recuerdo de aquella época en la que dedicábamos dos o tres horas solo a beber una taza de té. Nos tomamos el tiempo que haga falta para preparar todo de antemano y disfrutar del ambiente tranquilo y pacífico. Colocamos los cojines y esterillas en círculo y preparamos un bonito jarrón de flores y varias velas en el centro. Entonces, nos reunimos para tomar una taza de té, galletas y disfrutar de la compañía de los demás durante más o menos una hora y media. No tenemos nada que hacer y ningún sitio al que ir. En el ambiente sereno, íntimo y familiar compartimos poemas, canciones e historias… lo que nos saliera del corazón. Normalmente solo necesitamos varios minutos para beber una taza de té, pero cuando dedicamos tiempo a estar presente de verdad para los demás, logramos comprensión y felicidad mutuas.

Hermano y hermana

Cada verano, un chico joven visitaba Plum Village con su hermana pequeña. Cuando se caía y se hacía daño, en vez de acudir en su ayuda, su padre le gritaba. El niño juró que cuando se hiciera mayor, nunca sería como su padre. Prometió que si alguna vez tenía hijos y uno de ellos se caía y se hacía daño, él no le gritaría; intentaría ayudarlo. Era una decisión muy firme.

Sin embargo, uno de los veranos que pasaron en Plum Village, la hermana pequeña del niño estaba jugando con otra niña en una hamaca cuando la hamaca se rompió. La niña cayó y se hizo sangre en la rodilla. El niño notó que se ponía furioso y solo quería gritarle: «¿Cómo has podido ser tan tonta?».

Como había practicado ser consciente de sus sentimientos sin actuar en base a ellos, se contuvo antes de ponerse a gritar. En su lugar, se giró y practicó la meditación caminando para tranquilizarse. Mientras caminaba, reconoció que la energía de la ira que sentía se la había transmitido su padre. Si no practicaba la respiración consciente y cómo caminar en calma y en paz, acabaría siendo igual que su padre. A esto en sánscrito se lo conoce como *samsara,* es el hábito repetitivo de un comportamiento negativo o destructivo. El chico tuvo el impulso repentino de volver a casa e invitar a su padre a practicar la meditación caminando con él. Cuando surgió en él esa buena intención, toda la ira y resentimiento hacia su padre empezaron a desaparecer.

El niño solo tenía doce años. Para alguien de cualquier edad, pero en especial para alguien de doce años, es un logro excepcional tener percepciones que transformen nuestro sufrimiento. Si él fue capaz de hacerlo, desde luego que nosotros también lo somos.

El tilo

En Plum Village tenemos un tilo muy bonito que cada verano proporciona sombra y alegría a cientos de visitantes. En una ocasión, durante una fuerte tormenta, muchas de las ramas se rompieron y el árbol estuvo a punto de morir. Me entraron ganas de llorar cuando vi el tilo después de la tormenta. Sentí la necesidad de acariciar el tronco, pero me dolía hacerlo, porque sentía que el árbol estaba sufriendo. Por eso, decidí encontrar formas de ayudarlo. Afortunadamente, tenía un amigo botánico. Cuidó tanto del tilo que ahora es mucho más fuerte y bonito que antes. Nuestro hogar no sería el mismo sin ese árbol. Siempre que puedo, toco la corteza y la acaricio.

Los árboles son como nuestros hermanos y hermanas mayores. Tenemos que cuidar de ellos, tratarlos con mucho respeto y ser igual de fieles a ellos de como lo seríamos con nuestros amigos y familiares más queridos.

Aprender a abrazar

La primera vez que aprendí a abrazar fue en Atlanta en 1966. Una poeta me acompañó al aeropuerto y, una vez allí, antes de despedirse, me preguntó: «¿Es correcto abrazar a un monje budista?». En mi país no estamos acostumbrados a expresarnos de ese modo en público, pero pensé: «Soy un maestro zen; abrazarla no debería suponerme ningún problema». Así que le dije: «¿por qué no?», y ella me abrazó; aunque yo estaba bastante rígido. Cuando estaba en el avión, decidí que si quería trabajar con amigos de occidente tendría que aprender la cultura de occidente. Por eso inventé la meditación del abrazo.

La meditación del abrazo es una combinación de oriente y occidente. Es como las bolsitas del té. El té proviene de Asia, donde lo cosechamos y hacemos infusiones minuciosamente. Cuando el té llegó a occidente, la gente inventó las bolsitas de té, que son rápidas y funcionales.

Según la práctica, tienes que abrazar en serio a la persona a la que abrazas. Tienes que hacer que la persona sea muy real entre tus brazos. No lo haces por la apariencia, para darle dos o tres palmaditas a la otra persona en la espalda y fingir que estás allí. En vez de eso, tienes que estar ahí, debes estar presente de verdad. Respira conscientemente mientras abrazas, y abraza con toda la mente, el cuerpo y el corazón. «Al inhalar, sé que un ser querido se encuentra entre mis brazos, vivo. Al inhalar, sé que es muy preciado para mí». Mientras la abrazas e inhalas y exhalas tres veces, la persona que se encuentra entre tus brazos se vuelve real, y tú te vuelves real al mismo tiempo. Cuando quieres a alguien, quieres que sea feliz. Si no es feliz, no hay forma de que tú seas feliz. La felicidad no es individual. El amor verdadero requiere una comprensión profunda. De hecho, el amor es otra forma de denominar a la comprensión. Si no puedes comprender, no podrás amar bien. Sin comprensión, el amor que le des a la otra persona solo le causará sufrimiento.

Clavos

Recuerdo que un día fui al supermercado con un grupo de niños. Queríamos construir una mesa y decidimos salir todos juntos a comprar unos cuantos clavos. Antes de ir al supermercado les dije: «Será una sesión de meditación». Los niños se pusieron muy contentos de poder salir en una expedición especial. Decidimos que no compraríamos nada más aparte de los clavos que necesitábamos.

Guié a los niños por todos los pasillos del supermercado mientras andaba despacio y conscientemente y dedicaba tiempo a ver todos los productos que había en la tienda. No teníamos la intención de comprar más cosas, sino de observarlo todo en profundidad. De vez en cuando nos deteníamos y yo señalaba ciertos artículos de los estantes y explicaba lo que contenían, cómo se habían fabricado y el efecto que tendría consumirlos.

Podemos aprovechar oportunidades como esa para explicarles a nuestros niños por qué no deberíamos consumir ciertos productos, para que tengan la oportunidad de aprender a cuidar de sí mismos, de los demás y de la Tierra. Hay artículos en los supermercados que se han fabricado mediante trabajo infantil, o por niños que no tuvieron la oportunidad de ir al colegio. Hay productos cuyos métodos de producción son muy tóxicos y destructivos. Tenemos que aprender a consumir de forma que mantengamos la compasión que habita en nuestros corazones. Al practicar el consumo consciente somos capaces de curarnos a nosotros, a la sociedad y a la Tierra.

Aquel día, los niños y yo estuvimos una hora y media en el supermercado. Y lo único que compramos fue un puñado de clavos.

La meditación de la mandarina

Hace muchos años conocí a un joven estadounidense llamado Jim que me pidió que le enseñara la práctica de la atención plena. Una de las veces que estuvimos juntos le ofrecí una mandarina. Jim la aceptó pero siguió hablando de los varios proyectos en los que participaba: sus esfuerzos por obtener la paz, justicia social, etcétera. Comía, pero a la vez pensaba y hablaba. Yo estuve allí con él mientras pelaba la mandarina y se introducía los gajos en la boca, los masticaba rápidamente y los tragaba.

Al final le espeté: «¡Jim, para!». Me miró y le dije: «Cómete la mandarina». Lo comprendió. Así que dejó de hablar y empezó a comer más despacio y con más atención. Separó cada uno de los gajos que le quedaban con cuidado, olió su bonito aroma, se introdujo los gajos de uno en uno en la boca y sintió como el jugo le envolvía la lengua. Tardó varios minutos en saborear y comerse la mandarina de aquel modo, pero sabía que no tenía motivos para darse prisa y que tenía tiempo de sobra para disfrutar de la mandarina. Al comer así, sabía que la mandarina había cobrado presencia, él había cobrado presencia y la vida también había cobrado presencia en aquel momento. ¿Cuál es el propósito de comerse una mandarina? Solo comerse la mandarina. Mientras te comes la mandarina, comértela es lo más importante en tu vida.

La próxima vez que estés en el trabajo o en la escuela y te tomes un tentempié como una mandarina, colócatela en la palma de la mano y mírala hasta que cobre presencia. No necesitarás mucho tiempo para hacerlo, solo dos o tres segundos. Al mirarla, verás un bonito árbol, una flor, la luz del sol y la lluvia, y verás cómo se forma una fruta pequeña. Podrás ver la continuación de la luz del sol y la lluvia, y la transformación de la fruta pequeña en la mandarina totalmente desarrollada que tienes en la mano. Verás su color cambiar de verde a naranja, y el modo en que la mandarina madura y se endulza. Si contemplas la mandarina así, presenciarás todo el cosmos en ella: la luz del sol, la lluvia, las nubes, los árboles, las hojas, todo. Al pelar la mandarina, olerla y degustarla puedes llegar a ser muy feliz.

Amontonar las hojas

En otoño me gusta amontonar las hojas de mi ermita en Plum Village. Lo hago con un rastrillo, cada tres días más o menos. Sé que amontonar las hojas sirve en parte para despejar el camino y poder pasear por él y, si puedo, practicar la meditación corriendo. Cuando me siento bien, me gusta salir a correr por lo menos dos veces al día. Practico la meditación corriendo y amontonando las hojas.

Pero amontonar las hojas no solo sirve para despejar el camino y poder correr o caminar por él: amontonar las hojas sirve para disfrutar de amontonarlas. Por eso sujeto el rastrillo de una forma que me haga sentir feliz, en paz y firme durante todo el tiempo que dedique a aquella actividad. Quiero asegurarme de que cada uno de mis movimientos es un acto de iluminación, un acto de alegría y un acto de paz. Así que no tengo prisa, porque veo que la propia acción de amontonar las hojas es como mínimo tan maravilloso como tener un camino despejado. No estaría satisfecho con menos que eso. Cada uno de mis movimientos debería aportarme alegría, solidez y libertad. Debería ser yo mismo completamente, estar presente completamente mientras arrastro las hojas. Entonces, amontonarlas ya no será solo un medio para llegar al fin de tener un camino despejado. Amontonar las hojas será parte de la vida.

Obtener los frutos de la práctica de amontonar las hojas no requiere mucho tiempo. Si puedes hacer que cada movimiento esté dedicado totalmente a la acción de rastrillar las hojas, te sentirás recompensado enseguida. Cada movimiento es una obra de arte.

Respirar y segar

¿Alguna vez has cortado la hierba con una guadaña? Hace algunos años, llevé una guadaña a casa e intenté cortar la hierba que rodeaba mi ermita con ella. Tardé más de una semana en averiguar cuál era la mejor forma de utilizarla. La postura, la forma en que sujetas la guadaña y el ángulo en el que colocas la hoja sobre la hierba son requisitos importantes que hay que tener en cuenta. Descubrí que si coordinaba el movimiento de los brazos con el ritmo de la respiración, trabajaba sin prisas y era consciente de mis movimientos, podía trabajar durante períodos de tiempo más largos. Cuando no lo hacía así me cansaba en solo diez minutos.

Un día, un francés que se había criado en la Italia rural vino a visitar a mi vecino. Le pedí que me enseñara a utilizar la guadaña. Él era mucho más experto en el tema, pero, en general, se ponía en la misma posición y hacía los mismos movimientos que yo. Lo que me sorprendió fue que él también coordinaba los movimientos con la respiración. Después de aquello, cada vez que veía a un vecino cortar la hierba con una guadaña, sabía que practicaba la atención plena.

En la actualidad, cada vez que utilizo una herramienta, ya sea un pico, una pala o un rastrillo, coordino mi respiración con mis movimientos. Los trabajos más arduos, como mover rocas o empujar carretillas llenas son difíciles de llevar a cabo si somos plenamente consciente de la respiración. Pero la mayoría de las tareas del jardín (remover la tierra, cavar surcos, sembrar semillas, echar estiércol y regar) pueden llevarse a cabo de forma relajada y consciente.

He intentado evitar cansarme o perder el aliento. Creo que es mejor no maltratar al cuerpo. Debo cuidar de él y tratarlo con respeto, igual que un músico cuida de su instrumento. Tratar tu cuerpo de un modo pacífico no es simplemente un medio para practicar la conciencia plena; sino que es una práctica en sí misma. El cuerpo no es solo el templo; también es el sabio.

El profesor de matemáticas

Un profesor de matemáticas de Canadá vino a varios de los retiros de meditación en Plum Village. Aunque era un profesor de matemáticas excelente, durante muchos años lo había pasado mal en clase porque se enfadaba con facilidad. Cuando se molestaba, gritaba o incluso les tiraba tiza a sus alumnos. A veces, cuando sufría esos ataques de irritación, les escribía mensajes cuando les corregía los deberes como: «¡Estúpido!».

Después de haber estado practicando la atención plena durante un tiempo, sufrió un cambio drástico. Entraba en clase practicando la meditación caminando. Se acercaba a la pizarra y lo borraba todo con delicadeza. Sus alumnos, sorprendidos, le preguntaron: «Profesor, ¿qué le ocurre? ¿Está enfermo?». Él respondió con una sonrisa: «No, no estoy enfermo, solo intento ser consciente de todo lo que hago».

Como no tenían timbre, propuso que cada quince minutos uno de los alumnos diera palmas para que toda la clase dejara lo que estuviera haciendo y practicara respirar, relajarse y sonreír. Los estudiantes disfrutaban de practicar con él y llegaron a quererlo todavía más. En vez de escribir «¡Estúpido!» en los deberes, ahora escribía: «No lo has entendido; es culpa mía». Ahora era un profesor consciente que practicaba la atención plena.

Su clase pasó a ser una de las más populares y agradables de la escuela. Muy pronto se adoptaron sus técnicas en todas las clases. Cuando llegó a la edad de retirarse, se le apreciaba tanto que le pidieron que se quedara unos años más.

Despacio, mediante acciones conscientes, podemos transformarnos, transformar a nuestra familia, escuela, lugar de trabajo, barrio, ayuntamiento, gobierno y comunidad global. Si eres profesor en una escuela, padre, periodista, terapeuta o escritor, utiliza tu talento para promover ese cambio. Deberíamos practicar la meditación en colectivo, porque contemplar en profundidad nuestra situación ya no es un asunto individual. Tenemos que combinar nuestras percepciones individuales para generar sabiduría colectiva.

Una palmera en mi jardín

En una ocasión, cuando visitaba China con un grupo de estudiantes, un abad nos enseñó el jardín de su templo. Señalé un arbusto y dije: «Cuando la gente mira las hojas y las flores hoy en día, es como si estuvieran en un sueño». Cada vez que camino, en especial si paseo por el bosque, practico estar en contacto con las plantas y los árboles de modo que me parezcan reales y no un sueño. ¡Y lo he conseguido! Un día tuve un sueño en el que practicaba la meditación caminando entre palmeras, y las palmeras jóvenes eran frescas, delicadas y muy verdes. Las plantas y los árboles parecían muy reales. En el sueño, estiraba los brazos y tocaba las hojas de la palmera con atención plena, y acariciaba su belleza exquisita. Si practicas la conciencia plena lo bastante bien, serás consciente y estarás en contacto con las maravillas de la vida incluso en tus sueños. Cuando desperté, me dije a mí mismo que en cuanto regresara a Francia plantaría una palmera en mi jardín.

Cuando volví a casa, visité un vivero, encontré una palmera joven muy bonita y la invité a que viniera a mi jardín. Podría decirse que esa palmera no solo vino del vivero, sino también de mi sueño. Planté el árbol en un sitio donde pudiera verlo desde la ventana y en primavera me brinda unas flores preciosas. Cada vez que me tomo un descanso de escribir o editar, miro al exterior y la veo. Es parte de mi Sangha, me recuerda que sea feliz y que disfrute de cada momento de la vida diaria.

Cada pueblo, vecindario o comunidad debería tener un parque, un lugar bonito, relajado y tranquilo al que las familias puedan acudir, sentarse con otras familias y ofrecerse paz y tranquilidad unos a otros. En ese parque, podríais plantar los árboles que os gustaría apreciar y cuidar, igual que yo disfruto y cuido de mi pequeña palmera. Junto con otra gente del vecindario, podéis cuidar muy bien del parque y convertir los árboles en vuestros amigos. Podéis construir un bonito camino de meditación con lugares en los que la gente pueda sentarse y solo sentarse, sin tener que hablar o hacer nada. Si sabes cómo sentarte en silencio, ya eres lo bastante feliz.

No pierdas las oportunidades de las que dispones para sentarte sin tener que preocuparte o pensar en hacer algo. Deja a un lado las responsabilidades, preocupaciones y proyectos. Limítate a sentarte y a ser consciente de que estás vivo. Siéntate con tu hijo, hija, pareja o amigo. Basta con eso para ser feliz.

Estoy enamorado

Cuando despierto cada mañana de invierno, me pongo algo de ropa de abrigo y salgo a pasear por el Upper Hamlet. Por lo general, siempre está oscuro fuera, y camino poco a poco para ponerme en contacto con la naturaleza que me rodea, el cielo, la luna y las estrellas. En una ocasión, después de caminar, regresé a mi cabaña y escribí la frase siguiente: «Estoy enamorado de la Madre Tierra». Estaba igual de entusiasmado que un joven que acaba de enamorarse. El corazón me latía de emoción. Es cierto: en cuanto pienso en salir a caminar por la Tierra y disfrutar de la naturaleza, de sus bellezas y maravillas, el corazón me rebosa alegría. La Tierra me aporta muchísimo. Estoy enamorado de ella. Es un amor maravilloso, no hay deslealtad. Le confiamos nuestro corazón a la Tierra y ella se confía a nosotros con todo su ser.

La Madre Tierra es real. Es una realidad viviente que puedes tocar, saborear, oler, oír y ver. Nos ha dado la vida. Y, cuando muramos, regresaremos a ella, y ella nos devolverá a la vida una y otra vez. Hay muchas personas que han perdido la esperanza, que están cansadas de vivir en la Tierra y que rezan por renacer en cualquier otro lugar, en un cielo en el que no haya sufrimiento. Y, sin embargo, ni siquiera están seguros de que exista un lugar así. Los astrónomos han observado muchas galaxias lejanas con telescopios muy potentes, pero no han encontrado nada tan hermoso como el planeta Tierra. ¿A qué otro lugar querrías ir cuando la Madre Tierra es tan hermosa y está siempre dispuesta a aceptarte y darte la bienvenida a casa?

He aprendido que mi hogar, mi país, es todo el planeta Tierra. No limito mi amor a un trozo de tierra en Asia, Vietnam. He experimentado mucha transformación y curación gracias a esa percepción. Si tu amor es demasiado pequeño, tienes que agrandar el corazón. Tu amor tiene que abarcar todo el planeta Tierra.

El cambio de verdad solo será posible si nos enamoramos de nuestro planeta. Solo el amor puede enseñarnos a vivir en armonía con la naturaleza y con los demás y salvarnos de sufrir los efectos devastadores del cambio climático. Cuando reconocemos las virtudes y los talentos de la Tierra, nos sentimos unidos a ella, y surge el amor. Queremos estar conectados. En eso se basa el amor: en estar en sintonía. Cuando quieres a alguien, quieres cuidar de esa persona del mismo modo que cuidarías de ti mismo. Si queremos a la Tierra de la misma manera, será un amor correspondido. Haremos lo que sea para beneficiar a la Tierra, y la Tierra hará lo que sea para garantizar nuestro bienestar.

Un árbol viejo genera flores nuevas

Biológicamente, me hago más y más viejo cada día, pero, de algún modo, cada vez soy más joven. Es muy extraño. Cada día me levanto y tengo nuevas percepciones, como un árbol que produce flores nuevas, y mi amor sigue creciendo.

En Vietnam hay un tipo de ciruelo con las flores amarillas que vive durante mucho tiempo. A veces el tronco se retuerce. Durante el año nuevo lunar, genera muchas flores bonitas que florecen no solo en las ramas cortas y delicadas, sino también en la base del tronco. Yo me siento como ese árbol. Por la mañana me levanto y siento que desde lo más profundo de mi ser surgen nuevas percepciones. Aparecen sin esfuerzo. No tengo que emplearme a fondo. Es como plantar una semilla y regarla, después solo tiene que crecer.

Si vienes a visitar mi casa en Francia durante el mes de abril, no verás ningún girasol. Sin embargo, los agricultores ya han plantado las semillas. Han enterrado fertilizantes y estiércol en la tierra y todo está preparado. A principios de junio, los tallos ya habrán crecido unos treinta o sesenta centímetros y, en menos de un mes, los girasoles florecerán por todas partes. Nuestra práctica consiste en cultivar las buenas semillas de la tierra de nuestra mente, y saber que madurarán y florecerán a su debido tiempo. Si contemplamos atentamente, seremos capaces de ver los girasoles en abril.

El escondite

El patriarca zen Huyen Quang adoraba los crisantemos. Era uno de los tres Grandes Maestros del monasterio del bosque de bambú de Vietnam, en los siglos trece y catorce. Vivía en el templo de Con Son en el norte de Vietnam y plantaba crisantemos en todos los jardines que rodeaban el templo.

Cuando amamos algo, nos encariñamos con la forma que tiene, aunque sabemos que cambiará y morirá, y eso nos hace sufrir. Una flor se muestra; brota, florece, se queda con nosotros durante unas semanas y, luego, cambia y sus pétalos empiezan a marchitarse de forma gradual. En algún momento, toda la flor decaerá y morirá. Cuando amamos a un crisantemo, tenemos que contemplarlo más allá del nacimiento, la vida, el cambio y la muerte. Cuando se manifiesta, sonreímos y disfrutamos de él. Pero cuando no, no lloramos o nos sentimos tristes, sino que decimos: «Te veré otra vez el año que viene».

En mi ermita de Francia tengo un arbusto de membrillo japonés. Por lo general, el arbusto florece en primavera, pero un año pasamos un invierno caluroso y los capullos salieron antes de tiempo. Durante la noche, hubo una ola de frío que trajo escarcha consigo. Al día siguiente, mientras practicaba la meditación caminando, me di cuenta de que todos los capullos del arbusto se habían marchitado. Cuando lo vi, pensé: «Este año no tendremos bastantes flores para decorar el altar de Buda».

Pocas semanas después, hizo calor de nuevo. Mientras caminaba por el jardín, vi que habían salido capullos nuevos en el membrillo japonés que darían paso a una nueva generación de flores. Les pregunté a las flores de membrillo: «¿Sois las mismas flores que murieron con la escarcha o sois flores distintas?». Las flores respondieron: «No somos las mismas y no somos distintas. Cuando se dan las condiciones suficientes aparecemos y, cuando no, nos escondemos. Es así de sencillo».

Es lo que enseñaba Buda. Las cosas surgen cuando se dan las condiciones suficientes. Cuando las condiciones ya no son las apropiadas, las cosas se retiran. Esperan al momento adecuado para aparecer de nuevo.

Antes de tenerme a mí, mi madre estuvo embarazada de otro bebé. Tuvo un aborto y el bebé no nació. Cuando era joven, a menudo me preguntaba: ¿Era mi hermano o era yo? ¿Quién intentaba manifestarse en aquel momento? Que un bebé no nazca significa que las condiciones no eran adecuadas para que se manifestara y el niño ha decidido retirarse para esperar condiciones mejores. «Será mejor que me vaya; volveré pronto». Tenemos que respetar su voluntad. Si observas el mundo con esos ojos, sufrirás muchísimo menos. ¿Perdió mi madre a mi hermano? Tal vez yo estaba a punto de salir pero, en su lugar, decidí que «todavía no había llegado el momento», y me retiré.

4

Mi casa es el mundo

Saludar a los demás

Hace muchos años, durante mi visita a Taiwán, recorría un camino de tierra con algunos amigos. Una madre y su hijo pequeño caminaban de la mano hacia nosotros desde el lado opuesto de la carretera. Nuestros ojos se encontraron y yo saludé al niño con el saludo tradicional, por lo que junté las palmas delante del corazón para formar un capullo de loto con las manos e incliné la cabeza para reconocer al Buda que había en él. El niño, que todavía sujetaba la mano de su madre, me sonrió y, levantando la otra mano delante del pecho, inclinó la cabeza y reconoció al Buda que había en mí. Justo cuando nos pasaron de largo, el niño se giró y nos miró de nuevo. Abrió mucho los ojos, y a todos nos pareció que me había reconocido, y sentí que ya nos habíamos conocido antes.

En más de una ocasión he pensado en ese dulce encuentro como un bonito ejemplo de cómo podemos reconocer la bondad y la paz en los demás. No somos desconocidos para los demás. Nos une nuestra naturaleza de Buda. El deseo de convertirnos en una persona iluminada habita con fuerza en todos nosotros. Si permitimos que se manifieste nos aportará, a nosotros y a muchos otros, una felicidad inmensa.

La campana

En cada templo de Vietnam había una campana muy grande, similar a las campanas de las iglesias cristianas de Europa. Todos los días muy temprano, todos los aldeanos empiezan el día escuchando las campanas de los templos. En Plum Village, la comunidad de Francia en la que vivo, las escuchamos durante todo el día. Cada vez que oímos la campana, ya sea la nuestra o la campana de la iglesia de un pueblo cercano, volvemos a nosotros mismos y nos centramos en la respiración. Mientras inhalamos, repetimos en silencio: «Escucha, escucha», y cuando exhalamos, decimos: «Ese maravilloso sonido me ayuda a regresar a mi verdadero hogar».

Nuestro verdadero hogar es el momento presente. Vivir en el momento presente es un milagro. Caminar sobre el agua no es un milagro, el milagro es caminar sobre la verde Tierra en el momento presente, apreciar la paz y la belleza que hay a nuestro alcance en todo momento. La paz nos rodea, tanto en el mundo y la naturaleza, como en nosotros mismos, en nuestro cuerpo y espíritu. En cuanto aprendamos a estar en contacto con esa paz, nos curaremos y transformaremos. No es una cuestión de fe; es cuestión de práctica. Solo necesitamos encontrar la forma de devolver nuestro cuerpo y mente al momento presente para estar en contacto con lo reconfortante, curativo y asombroso que hay en nosotros y a nuestro alrededor.

Muchos de nuestros hermanos y hermanas alrededor del mundo programan una alarma de conciencia plena en sus ordenadores. La alarma suena cada cuarto de hora y, entonces, dejan de trabajar o de pensar y regresan a sus inhalaciones y exhalaciones, regresan a casa, a sus cuerpos. Sienten que están ahí de verdad, vivos. Respiran conscientemente como mínimo tres veces y sonríen antes de continuar con sus tareas.

Tenemos que acordarnos de volver a nuestro cuerpo y cuidar de él a diario. Muchos no hemos sido lo bastante amables con él. Lo hemos hecho trabajar demasiado; lo hemos desatendido. Cuando pasamos dos horas en el ordenador, puede que olvidemos por completo la existencia de nuestro cuerpo. Nuestro cuerpo se siente solo; sentimos tensión y dolor. Cuando la mente y el cuerpo no están unidos, no estamos presentes de verdad, vivos. Solo estamos vivos de verdad cuando la mente está unida al cuerpo. Por lo tanto, oír el sonido de la campana nos recuerda que debemos regresar a nuestro cuerpo, reconocer su existencia y cuidar de él. Respiramos, devolvemos la mente a su casa, el cuerpo, y, de repente, nos sentimos totalmente presentes en el aquí y el ahora. Liberamos la tensión del cuerpo y sonreímos. Es un acto de reconciliación, un acto de amor.

Nuestro cuerpo es una maravilla de la vida, igual que todo lo que nos rodea: la lluvia suave, el aire fresco, una flor bonita. Todos somos una flor en el jardín de la humanidad. Tenemos que cuidar de nuestro cuerpo para que sea un lugar agradable al que regresar.

Hace algunos años, tomé un taxi en Nueva York y noté que el conductor no era feliz. No sentía paz ni alegría. No era capaz de vivir de verdad mientras hacia su trabajo y eso se veía reflejado en su forma de conducir. A muchos de nosotros nos ocurre lo mismo. Corremos de un lado a otro, sin ser conscientes de lo que hacemos; no estamos en paz. Nuestro cuerpo está ahí, pero nuestra mente está en otra parte: en el pasado o en el futuro, poseída por la ira, la frustración, la esperanza o los sueños. No estamos vivos de verdad y no estamos presentes del todo; somos como fantasmas. Si nuestro hijo se nos acercara y nos sonriera, ¿estaríamos presentes para recibir ese maravilloso regalo? ¿O nos perderíamos la oportunidad de encontrarnos con la vida y con los demás? Sería una pena.

El alma de la antigua Europa

A menudo, en el Upper Hamlet de Plum Village, cuando practicamos la meditación caminando por los caminos del bosque a mediodía, oímos las campanas de las iglesias de los pueblos de los alrededores. Yo siempre me paro a escuchar las campanas junto al resto de la comunidad mientras resuenan por el valle.

Una campana es siempre una campana; ya sea católica, protestante, ortodoxa o budista; sigue siendo una campana. Escuchar a la campana es una práctica muy profunda y agradable que nos aporta paz, solidez y libertad cada vez que practicamos la escucha.

En la Europa de antaño, la gente solía detenerse y rezar cada vez que oían los tañidos de las campanas de la iglesia. Espero que las generaciones futuras conserven esas campanas por toda Europa y América y que, cada vez que suenen las campanas, todo el mundo se detenga, escuche y sonría otra vez.

La primera vez que me conmovieron las campanas de una iglesia fue durante mi visita a la ciudad antigua de Praga. En la primavera de 1992, visitamos Moscú y Leningrado. Ofrecimos una serie de retiros y días de conciencia plena en Rusia antes de seguir con otros países de Europa del Este, y también organizamos un retiro en Praga. Después de muchos días de trabajo duro, dedicamos nuestro día libre a visitar la ciudad. Caminaba lentamente con algunos amigos, monjes y monjas. Contemplábamos unas postales delante de una iglesia pequeña y bonita en un callejón estrecho y bello.

De repente, las campanas de la iglesia comenzaron a sonar. No sé muy bien por qué, pero en ese momento, el sonido de las campanas me conmovió profundamente. Había oído muchas campanas antes, en Francia, en Suiza y en muchos otros países, pero nunca había oído unas campanas como esas. Sentí que estaba oyendo el alma de la antigua Europa en el sonido de esas campanas. Había vivido en Europa durante mucho tiempo y había visto muchas cosas, pero, en aquel momento, el sonido de las campanas de la iglesia me hizo conectar en profundidad con el alma de Europa.

Bajo las campanadas de la iglesia de Praga oí la campana de un templo budista en lo más profundo de mi conciencia. Era como un encuentro entre una civilización y la otra. Cuando entras en contacto con una, tienes la oportunidad de hacer lo mismo con la otra. Aquellos que tenéis raíces cristianas o judías deberías tratar de conservar esas raíces. Cuanto más arraigado estés en tus propias tradiciones, mejor entenderás el budismo. Es lo que me ocurrió a mí. Cuanto más en contacto estuve con el cristianismo y el judaísmo, mejor logré entender el budismo.

Todo lo bueno necesita tiempo para madurar. Cuando se dan las condiciones necesarias, lo que había latente en nuestro interior durante mucho tiempo puede surgir. Cuando vine a Europa por primera vez, estaba ocupado intentando poner fin a la matanza de Vietnam. Viajaba mucho, hablaba con mucha gente y daba conferencias de prensa. Estaba tan ocupado que no tenía tiempo suficiente para estar en contacto con el alma de Europa. No habían destruido Praga durante la Segunda Guerra Mundial. Era una ciudad hermosa que aún seguía intacta, es probable que por eso me conmoviera tanto el sonido de las campanas de la iglesia.

Practicar en una tradición espiritual puede ayudarte a comprender mejor otras tradiciones. Es como un árbol con raíces. Cuando se trasplanta puede absorber nutrientes de la tierra nueva, del nuevo medio ambiente. En Praga nos quedamos en silencio y escuchamos las campanas.

Es probable que cuando oigas el sonido de una campana no sientas nada al principio. Puede que creas que el sonido de una campana no tenga mucho que ver contigo, pero cualquier campana puede hablarte. Una campana es una invitación.

El sueño del mercado

Un otoño, mientras enseñaba en Inglaterra, tuve un sueño que seguí recordando durante mucho tiempo. Mi hermano y yo nos encontrábamos en un mercado libre cuando un hombre nos condujo hasta uno de los puestos que había en uno de los rincones. Cuando llegamos, reconocí de inmediato que todas las mercancías expuestas representaban un acontecimiento que había vivido y experimentado directamente con mi hermano y con otras personas cercanas a mí. Casi todas las mercancías, las experiencias, eran de sufrimiento: pobreza, fuego, inundaciones, tormentas, hambre, discriminación racial, ignorancia, odio, miedo, desesperación, opresión política, injusticia, guerra, muerte y miseria. Mientras tocaba cada mercancía me inundó la tristeza y la compasión.

En el centro del puesto había una mesa larga en la que habían expuestos una serie de cuadernos de primaria. Reconocí que uno de los cuadernos era mío y otro de mi hermano. Al hojear las páginas de mi cuaderno reconocí muchas experiencias felices significativas de mi infancia, además de muchas experiencias dolorosas. El cuaderno de mi hermano registraba las vivencias que habíamos pasado juntos durante nuestra infancia. En el momento en que tuve aquel sueño estaba escribiendo las memorias de mi infancia, pero no había incluido ninguna de las historias que aparecían en aquellos cuadernos. Puede que fueran experiencias que solo había vivido en sueños y que había olvidado al despertar. O quizá fueran experiencias de vidas pasadas. No sabía por cuál de las dos cosas decantarme, pero estaba seguro de que esas experiencias eran mías de verdad, y pensé en llevarme esos recuerdos a casa para incluirlos en mis memorias. Me complació mucho esa idea, porque no quería olvidarlas de nuevo.

Mientras pensaba aquello, el hombre que nos había invitado a echar un vistazo a su puesto dijo algo terrible. Estaba de pie junto a mí y me dijo: «¡Tendrás que volver a pasar por todo eso!». Habló con mucha autoridad, como si fuera un juez que emitiera un veredicto solemne y me condenara a sufrir. Parecía la voz de Dios, o del Destino. Quedé conmocionado. ¿De verdad tendré que volver a pasar por todo aquel sufrimiento? ¿Por todas aquellas tormentas e inundaciones, el infierno del hambre, la discriminación racial, la ignorancia, el odio, la desesperación, el miedo, la tristeza, la opresión política, la miseria, la guerra y la muerte? Tenía la sensación de haber sufrido todo aquello durante vidas incontables con mi hermano y mis compañeros del pasado. Durante mucho tiempo no veíamos la luz al final del túnel y, ahora, por fin teníamos espacio y libertad. ¿De verdad tendríamos que pasar por todas aquellas experiencias otra vez?

Al principio reaccioné con repugnancia, y pensé: «¡Oh, no!», pero en una fracción de segundo mi reacción cambió. Señalé con dos dedos de la mano derecha hacia la cara del hombre y le dije con toda mi determinación y fuerza: «No me das miedo. Si tengo que volver a pasar por todo aquello, ¡lo haré! Y no solo una vez, sino cientos de veces si hace falta. ¡Y lo haremos todos juntos!».

En aquel momento desperté, y al principio no recordaba qué había sucedido en el sueño. Solo sabía que había sido muy poderoso e importante. Así que me quedé en la cama y practiqué la respiración consciente hasta que recordé los detalles. Tenía el presentimiento de que el hombre representaba algo y que me había contado una cosa de la que yo debía ser consciente. Al principio pensé que iba a morir pronto e iniciar el viaje para el que estaba destinado. Pero estaba tranquilo. Morir no era un problema para mí, no tenía miedo. Lo único que tenía que hacer era contárselo a la Hermana

Verdadera Vacuidad, una de mis discípulas más cercanas durante los últimos treinta años, para que ella y los demás estuvieran preparados. No obstante, pronto me di cuenta de que aún no me había llegado la hora de morir. De que el sueño tenía que tener un significado más profundo.

Miré el reloj. Eran las 3:30 de la mañana. Pensé en todos los niños de Vietnam, Camboya, Somalia, Yugoslavia, Sudamérica y de otros lugares en los que había mucho dolor, y me solidaricé con todos ellos. Me sentí preparado para sufrir aquellas adversidades con ellos una y otra vez.

Vosotros, hermanos y hermanas, sois mis compañeros. Sois *bodhisattvas* de verdad, y surcáis las olas del nacimiento y de la muerte sin ahogaros en ellas. Hemos soportado sufrimientos interminables, túneles infinitos de tristeza y oscuridad. Pero hemos practicado y, gracias a ello, hemos obtenido algo de comprensión y libertad. Ahora es el momento de que nos unamos y juntemos nuestras fuerzas para superar los retos que nos esperan. Estoy seguro de que esta vez lo haremos mejor.

Los pasos de Buda

En 1968, mientras viajaba a París para ayudar a establecer la Delegación Budista en los Acuerdos de Paz, hice una parada en la India con la esperanza de visitar el lugar donde Buda alcanzó la iluminación. Tomé un avión en Nueva Delhi para ir a Patna, al norte del río Ganges. De Patna podría llegar a Bodhgaya, donde Buda alcanzó la iluminación. El avión seguía los pasos de Buda por el río Ganges.

Buda no viajaba en coche, en avión o en tren. Simplemente caminaba. Visitó muchas ciudades caminando. Una vez incluso llegó hasta Delhi caminando. Visitó más de quince reinos a pie. Al saber aquello, mientras observaba el Ganges desde el aire, veía sus pisadas por todas partes. Las pisadas de Buda siguen aportando solidez, libertad, paz, alegría y felicidad en todas partes.

Fue muy bonito tener quince minutos para imaginarse a Buda allí abajo, caminando y compartiendo su felicidad, iluminación, paz y alegría con la Tierra y con los seres humanos que habitaban en aquella región del planeta. Al mirar desde arriba y ver la presencia de Buda en el presente desde el aire, sentado en aquel avión, lloré de la emoción. Miré hacia abajo y juré que practicaría la meditación caminando para llevar los pasos de Buda a otras partes del mundo. Podemos caminar en Europa, en las Américas, en Australia, en África, y podemos darle continuación a Buda, llevar paz y alegría, solidez y libertad a muchas partes del mundo.

He visitado todo el mundo. He compartido la práctica de la meditación caminando con muchísima gente. Tengo muchos amigos, tanto monásticos como laicos, que han caminado así en los cinco continentes. Así que Buda está ahora en todas partes, y no solo en el delta del río Ganges.

Al visitar India en aquella ocasión, tuve la oportunidad de escalar el monte Gridhrakuta. A Buda le gustaba quedarse allí, en los alrededores de Rajgir, la capital de Magadha, el país que gobernaba el rey Bimbisara.

Un grupo de amigos (monjes, monjas y laicos) escalaron el monte Gridhrakuta conmigo. Con nosotros vino un monje llamado Mahagosananda. Por aquel entonces, todavía era joven. Más tarde, se convirtió en el patriarca de Camboya. Escalamos el monte Gridhrakuta con calma y atención plena. Cuando llegamos a la cima, cerca del lugar en el que Buda solía sentarse, nos sentamos y contemplamos la misma bonita puesta de sol que Buda solía contemplar. Nos sentamos y practicamos la respiración consciente y observamos la belleza de la puesta de sol. Utilizamos los ojos de Buda para admirar y disfrutar de la hermosa puesta de sol.

El rey Bimbisara construyó un camino de piedra desde el pie de la montaña hasta la cima para que Buda pudiera subir y bajar más fácilmente. El camino de piedra sigue allí. Si visitas el lugar, también podrás disfrutar de subir el monte por el mismo camino de piedra y podrás imaginarte a Buda subiendo los mismos escalones de piedra.

Dos minutos de paz

Durante mi estancia en la India en 1997, tuve la oportunidad de conocer al vicepresidente del país y al presidente del parlamento, el señor K. R. Narayanan. Nuestra charla tuvo lugar el primer día de la sesión presupuestaria del parlamento, justo antes de que tres nuevos miembros juraran el cargo. Agradecí al señor Narayanan que hubiera accedido a reunirse conmigo en un día tan ajetreado. Respondió que, estuviera ocupado o no, para él siempre era importante reunirse con una persona espiritual. Nos sentamos juntos y discutimos cómo los miembros del parlamento podrían aplicar la práctica de la conciencia plena, la escucha profunda y el habla bondadosa en sus sesiones.

Le sugerí que sería bueno empezar cada sesión practicando la respiración consciente. Podrían leerse las líneas de un texto para concienciar a todos, algo como: «Estimados compañeros, la gente que nos ha elegido espera que nos comuniquemos mediante un discurso amable y respetuoso y que nos escuchemos en profundidad antes de compartir nuestras ideas para que el parlamento tome las mejores decisiones por el bien de la nación y de los ciudadanos». Se tardaría menos de un minuto en leerlo. Le sugerí que cada vez que se caldeara el ambiente durante un debate o si los representantes empezaban a insultarse o condenarse los unos a los otros, alguien debería hacer sonar una campana y pedirles a todos que dejaran de discutir y estuvieran en silencio durante uno o dos minutos. Entonces, todos los representantes podrían practicar la respiración consciente para calmarse.

Cuando decimos «practiquemos dos minutos de silencio», la gente no suele saber qué hacer durante esos dos minutos. Pero aquellos que practicamos la conciencia plena sabemos exactamente qué hacer; sabemos cómo respirar, cómo centrar la atención en nuestra respiración y cómo relajar el cuerpo y la mente para permitir que nazca la compasión. Un momento de silencio no cuesta nada. No se necesita un presupuesto. Un momento de silencio puede servir para restaurar la paz, la comprensión y la percepción. Todo el mundo puede hacerlo. No tienes que ser budista.

El señor Narayanan estuvo muy atento a lo que dije y me invitó a regresar y explicar todo aquello ante el parlamento indio. Diez días después, dirigía un retiro en Madrás y alguien me enseñó un artículo de periódico en el que anunciaban que habían establecido un comité de ética que se encargaría de mejorar la calidad de la comunicación en el parlamento.

Este tipo de práctica de no violencia es posible en todas partes, en todos los países. Tenemos que reducir urgentemente las hostilidades y las tensiones de los gobiernos. No estamos indefensos. Tenemos que hacerlo lo mejor que podamos, tenemos que detener la guerra que hay en nosotros. Esa es la práctica de la paz y puede llevarse a cabo en todo momento. Si no practicamos la paz en nuestras vidas, la guerra seguirá estallando en nuestro interior y en el mundo que nos rodea.

Gotas de compasión

El 11 de septiembre de 2001, estaba en California cuando oí que habían destruido las Torres Gemelas de Nueva York. La energía de la ira y el miedo que rodeó al suceso fue enorme. Cuando una nación entera sufre tal ira y miedo no es difícil que ocurra algo destructivo. Es muy fácil que se inicie una guerra en momentos como ese. Debemos tener la mente clara para saber qué hacer y qué no y evitar empeorar la situación.

Tres días más tarde, se programó una conferencia pública para cuatro mil personas en Berkeley impartida por una delegación de ocho monjes y monjas. La emoción era palpable; se trataba de una emoción nacional. Sabíamos que teníamos que equilibrar la energía colectiva de miedo, ira y discriminación con la energía colectiva de la atención plena, la compasión y la hermandad. Es muy importante contrarrestar el miedo con calma y paz.

Comenzamos con una sesión de relajación: ofrecimos una meditación guiada y algunos cantos para ayudar a todo el mundo a practicar la atención plena al respirar para calmar el cuerpo y la mente y aceptar el miedo presente. Dirigí una oración por la curación y la paz, para contactar con nuestra aspiración profunda de ofrecer a la humanidad los mejores frutos de la práctica: la lucidez, la firmeza, la hermandad, la comprensión y la compasión. Les recordé a todos que responder al odio con odio solo provocaría que este se multiplicara por mil, y que únicamente seremos capaces de transformar el odio y la ira mediante la compasión. Los invité a regresar a casa, a sí mismos, a practicar la respiración consciente y el caminar consciente para relajar sus fuertes emociones y permitir que prevaleciera la lucidez. La compasión solo puede surgir de la comprensión. Cuando la gota de la compasión empiece a formarse en nuestras mentes y nuestros corazones, podremos empezar a desarrollar respuestas concretas para cada situación.

Nuestra conciencia individual es un reflejo de la conciencia colectiva. Todos y cada uno de nosotros podemos empezar ahora mismo a practicar cómo calmar nuestra ira contemplando en profundidad el origen del odio y la violencia presentes en la sociedad y en el mundo. Todos podemos aprender a escuchar con compasión para oír y comprender lo que todavía no hemos oído ni comprendido. Cuando hayamos escuchado y contemplado en profundidad, podremos empezar a desarrollar la energía de la hermandad entre todas las naciones, que es la herencia espiritual de todas las tradiciones religiosas y culturales. De ese modo, la paz y la comprensión incrementarán día tras día en el mundo entero. Cultivar el néctar de la compasión en nuestro corazón es la única respuesta espiritual efectiva al odio y a la violencia.

El *Times of India*

Durante otra de mis visitas a India en 2008, el *Times of India* me propuso ser el editor invitado por un día. Era el día de conmemoración a Mahatma Gandhi y el periódico creyó que lo más apropiado sería que un monje budista fuera el editor invitado para una edición especial centrada en la paz. Acepté la invitación, y me acompañaron muchos hermanos y hermanas monásticos. En cuanto llegamos a la sala de redacción por la mañana, recibimos muy malas noticias. Se acababa de producir un ataque terrorista en Bombay, un bombardeo, y habían asesinado a muchas personas. El ambiente era muy tenso y me pidieron que formara parte de una reunión con todos los editores. Recuerdo que todos nos sentamos en silencio alrededor de una mesa enorme.

Uno de los editores levantó la mirada y preguntó: «¿Qué deberíamos hacer cuando recibimos noticias tan terribles en un día como hoy?». Era una pregunta difícil. Centré la atención en mi respiración durante un rato y, después, respondí: «Queridos amigos, tenemos que informar de ello. Pero debemos hacerlo de un modo que fomente la comprensión y la compasión y que no provoque más ira o desesperación. Y eso depende de vosotros y de la forma en que comuniquéis el incidente».

Cuando ocurre un incidente trágico de esas características, tenemos que contemplarlo en profundidad y hacernos la siguiente pregunta: «¿Qué ha motivado a los terroristas a actuar de ese modo? ¿Qué tipo de opiniones y percepciones deben haber acumulado para cometer un crimen tan terrible contra sus propios compatriotas?». Deben haber acumulado mucha ira y odio y muchas percepciones erróneas. Puede que sientan que se les ha tratado injustamente, mal o que se sientan incomprendidos. Puede que crean que actúan en nombre de la justicia o en el nombre de Dios. Tenemos que reflexionar en profundidad para entender actos violentos como aquel y la motivación que hay detrás de ellos. Y cuando hayamos adquirido ciertas percepciones, las noticias que comuniquemos expresarán nuestra comprensión y compasión.

Existen muchas formas de comunicar. Muchas de las noticias que consumimos en los periódicos, en la radio, la televisión o en internet contienen muchísima violencia, miedo, odio, discriminación y desesperación. Incluso puede decirse que muchas de las noticias son tóxicas; contaminan nuestros corazones y nuestras mentes, y los corazones y las mentes de nuestros hijos. Como periodistas, tenemos que comunicar la verdad y, al mismo tiempo, regar la semilla de la comprensión y la compasión en nuestros lectores y espectadores. Y como consumidores tenemos que utilizar la atención plena para estar al tanto de nuestras ideas, sentimientos y percepciones para protegernos cuando recibimos las noticias. Tenemos que saber cuándo es suficiente. La atención plena nos ayuda a proteger la autonomía de nuestros corazones y nuestras mentes y prevenir que se rieguen las semillas negativas de nuestra conciencia.

Nuestras formas de comunicarnos los unos con los otros, de hablar y de escuchar son muy importantes. Todos podemos comprometernos a no regar las semillas de la violencia, el odio, la discriminación y la desesperación en nosotros y en nuestras relaciones. E igual de importante, podemos comprometernos a regar activamente las semillas de la comprensión, la tolerancia y la no discriminación que hay en nosotros y en la sociedad.

Un viaje relajante en autobús

Un día, estaba sentado con un amigo en un autobús en la India mientras él organizaba mi visita por el país. Él pertenecía a un linaje al que habían discriminado durante miles de años. Yo disfrutaba de las vistas por la ventana cuando noté que se había puesto muy tenso. Sabía que estaba preocupado por hacer que disfrutara de la estancia, así que le dije: «Por favor, relájate. Estoy disfrutando mucho de la visita. Todo va muy bien». No tenía motivos para preocuparse. Se reclinó en el asiento y sonrió, pero unos instantes después se puso tenso otra vez. Cuando lo miré vi que, en él como persona y en todo su linaje, la lucha había perdurado durante cuatro o cinco mil años. En aquel momento, al organizar mi visita, seguía sufriendo. Se relajaba durante un segundo y luego comenzaba a ponerse tenso de nuevo.

Todos tendemos a forcejear con nuestro cuerpo y nuestra mente. Creemos que la felicidad solo será posible en el futuro. Por eso, practicar el «he llegado» para vivir felizmente en el momento presente es tan importante. Comprender que ya hemos llegado, que no tenemos que seguir viajando, que ya estamos en casa, nos aportará paz y alegría. Ya tenemos condiciones más que suficientes para ser felices. Solo tenemos que permitirnos centrarnos totalmente en el momento presente y seremos capaces de estar en contacto con ellas.

Mientras estaba sentado en el autobús, mi amigo no se dejaba vivir tranquilamente en el presente a sí mismo. Seguía preocupándose de que yo estuviera a gusto aunque yo ya le había asegurado que lo estaba. Así que le sugerí que se centrara solo en existir, pero para él no era fácil, porque la energía del hábito de la ansiedad lo había invadido durante muchísimo tiempo. Incluso después de que el autobús llegara a la parada y tuviéramos que bajarnos, mi amigo seguía sin poder disfrutar. Mi estancia en la India fue muy bien y la forma en que lo organizó todo fue excelente; sin embargo, me temo que, a día de hoy, sigue sin ser capaz de relajarse. Estamos bajo la influencia de las generaciones anteriores, de nuestros antepasados y de la sociedad. La práctica de detenerse y contemplar en profundidad consiste en detener la energía del hábito que se sustenta en las semillas negativas que nos han transmitido. Cuando paramos, lo hacemos por todos nuestros antepasados y ponemos fin al círculo vicioso al que llamamos *samsara.*

Tenemos que vivir de forma que liberemos a nuestros antepasados y a las generaciones futuras que viven en nosotros. La alegría, la paz, la libertad y la armonía no son individuales. Si no liberamos a nuestros antepasados, seremos esclavos toda nuestra vida y transmitiremos las energías negativas del hábito a nuestros hijos y nietos. Ahora es el momento de liberarnos y de liberarlos a ellos. Es lo mismo. Es la práctica del interser. Mientras los antepasados que viven a través de nosotros sigan sufriendo, no lograremos estar en paz. Si damos un paso de forma consciente, feliz y en libertad, estando en contacto con la tierra, lo hacemos por las generaciones anteriores y las futuras. Todos llegarán con nosotros en aquel mismo instante y todos encontraremos paz y felicidad al mismo tiempo.

Los olivos

Un año, visité Italia para ir a un retiro y me fijé en que los olivos crecían en grupos pequeños. Me sorprendió y pregunté: «¿Por qué plantáis los olivos en grupos de tres o cuatro?».

Nuestros amigos italianos nos explicaron que cada grupo de tres o cuatro es en realidad un árbol solo. Unos años atrás, había hecho tanto frío que todos los olivos se habían marchitado. No obstante, bajo tierra, las raíces habían sobrevivido. Después del duro invierno, cuando llegó la primavera, surgieron brotes nuevos. Por eso, en lugar de tener solo un tronco, los olivos que salieron tenían tres o cuatro. En la superficie parecía que hubiera tres o cuatro olivos, pero en realidad se trataba de uno solo.

Si tienes hermanos de los mismos padres, sois parte del mismo árbol. Tenéis las mismas raíces, el mismo padre y la misma madre. Esos tres o cuatro olivos también compartían las mismas raíces. Parecían varios árboles, pero en realidad era solo uno. Sería raro que uno de los árboles discriminara al otro, sería pura ignorancia que se pelearan o se mataran. Al meditarlo bien, saben que son hermanos y hermanas; en realidad, son uno solo.

Caminar libremente

Recuerdo una bonita sesión de meditación caminando que organizamos en Italia, en el centro de Roma, en 2010. Asistieron unas 1 500 personas y alrededor de una docena de niños caminaba junto a mí en primera fila y me agarraban de las manos. La ciudad había cerrado todas las calles y, a unos veinte metros delante de nosotros, ocho agentes de policía caminaban juntos. Lo raro era que ellos también caminaban con soltura, con libertad, paraban y guiaban el tráfico y a los peatones con amabilidad y siempre con una sonrisa. Parecía que esos ocho policías también participaban en nuestra sesión de meditación caminando; como si los policías y los participantes fueran uno solo.

Es muy probable que nunca haya habido tanta libertad por las calles de la capital. Dejamos huellas de libertad a cada paso. No hubo estrés y el centro de la ciudad se paralizó para disfrutar de caminar. Delante de los ocho policías, un vehículo policial conducía a la misma velocidad que nosotros. Todas las personas que caminaban a lo largo de las calles, parados en las plazas públicas o que observaban desde los edificios durante nuestra ruta pudieron ser testigos de la libertad que sentíamos. Aunque éramos una multitud, la meditación que practicábamos no era para nada como una protesta. No había banderas, ni pitidos, ni tambores, ni pancartas, ni gritos. Nadie le pedía nada a nadie; no había energía de lucha o resistencia y no se exigía nada. El acto se llevó a cabo en un silencio absoluto y todo el mundo sonreía. La gente se centraba en su respiración y disfrutaba de sus pasos por la ciudad. La paz, la alegría y la hermandad estaban presentes de verdad, y a la vista de todo el mundo.

Habíamos empezado a caminar en la plaza San Marco, donde orienté a todos sobre la práctica de la meditación caminando antes de salir. En menos de quince minutos, se habían reunido más de mil personas. Todos caminamos consciente y pacíficamente en silencio por las calles del centro histórico de la ciudad y, finalmente, llegamos a la plaza Navona, donde practicamos la meditación sentada. Cuando entramos en la plaza, alguien estaba tocando el saxofón, pero se detuvo al vernos. Toda la plaza se convirtió en una sala de meditación silenciosa al aire libre. Era un día soleado y bonito. Ofrecí meditación guiada para que la multitud practicara la contemplación en profundidad de su verdadera naturaleza, sus antepasados, sus padres, la vida y el no ser, todo en el corazón de la capital de Italia. Fue bonito, estimulante y curativo para todos.

Hemos practicado la meditación sentada y caminando en muchos países y llevado huellas de paz a grandes ciudades de todo el mundo. Hemos organizado caminatas pacíficas en París, Nueva York y Los Ángeles. Mil personas meditaron caminando por la orilla del famoso lago Hoan Kiem de Hanói en 2008 y cuatro mil nos sentamos pacíficamente en la plaza de Trafalgar Square de Londres en 2012. En cualquiera de los lugares en que nos sentamos a meditar generamos una energía colectiva de compasión, perdón y paz muy poderosa.

5

He llegado

El sueño de una clase

Una noche, soñé que estudiaba en la universidad. Aunque por aquel entonces ya tenía más de sesenta años, en el sueño solo tenía veintiuno. En él, me anunciaban que me habían aceptado en la clase que daba un profesor muy distinguido, el más querido de la universidad. Era una clase muy prestigiosa y en la que no todos los alumnos podían matricularse.

Me alegré mucho de que me hubieran aceptado y fui directo a secretaría a preguntar donde se impartiría la clase. Observé entrar a muchos estudiantes y, de repente, vi a un joven de mi edad que era exactamente igual que yo. Su rostro, el color de la ropa y todo era como yo. Me quedé perplejo. ¿Era yo o no era yo? ¿Era otro yo fuera de mi cuerpo? Trataba de orientarse. Sentí curiosidad y le pregunté a la mujer de secretaría si habían aceptado a aquel joven en la misma clase. Ella me respondió: «No, por supuesto que no. A ti te han aceptado, pero a él no».

Me dijeron que la clase se impartiría en el último piso del edificio esa misma mañana. Me dirigí a clase y, en mitad de las escaleras, les pregunté a los demás:

«¿Qué materia se impartirá en la clase?». «Música», me contestaron. Me extrañó que me hubieran admitido en una clase de música impartida por un profesor distinguido, dado que yo no estudiaba música. Estaba un poco preocupado, pero decidí que, si me habían aceptado, deberían tener un buen motivo para hacerlo, así que no tenía que preocuparme de nada.

Cuando llegué a la puerta de la clase, la abrí y miré lo que había dentro. Imaginé que solo habría veinticinco o treinta alumnos en la clase, pero me sorprendió ver que había más de mil. Era como una asamblea. Al mirar por las grandes ventanas, vi un paisaje increíblemente hermoso. Vi la luna, el sol, las constelaciones y las montañas coronadas por la nieve. Su belleza era indescriptible. No puedo describir lo que sentí al estar allí y al asimilar aquella increíble escena. Era un gran honor estar en aquella clase.

De repente, me dijeron que tendría que hacer una presentación cuando llegara el profesor. No sabía qué hacer. ¡No sabía nada de música y querían que hiciera una presentación sobre música! Miré a mi alrededor e instintivamente me puse a rebuscar en los bolsillos. Noté algo duro en uno de ellos y lo saqué; era una campana pequeña. Entonces, lo entendí: «Es un instrumento musical, puedo presentarlo». Recuperé la confianza, había practicado con la campana durante muchos años.

Me preparé para hablar y, justo cuando anunciaban la llegada del profesor, desperté. Lamenté mucho haberme despertado. Si el sueño hubiera continuado durante otros dos o tres minutos, habría podido ver al querido profesor al que todos adoraban.

Cuando desperté, traté de recordar todos los detalles del sueño y descifrarlo. Parecía que el joven al que no habían admitido en la clase también era yo. Tal vez era un yo anterior, que seguía atrapado en antiguos puntos de vista y que aún no era lo bastante libre como para que lo aceptaran en una clase maestra. Pero había crecido y los había dejado atrás. Había adquirido algunas percepciones que me habían liberado de mi apego a ciertas opiniones, o a lo que fuera que estuviera impidiendo al joven participar en aquella clase.

Todos podemos tener puntos de vista a los que nos aferramos, que consideramos que son verdad y a los que tenemos apego. Pero si te dejas llevar por tus opiniones, no tendrás la oportunidad de progresar. Mi sueño fue un recordatorio de que a veces tengo que dejar atrás a una parte de mí para poder avanzar en mi camino.

Lechuga

Cuando plantas una lechuga, no la culpas a ella si no crece bien. Analizas los motivos por los que su cultivo no ha salido como esperabas. Es posible que necesite un fertilizante, o más agua, o menos luz solar. Nunca le echas la culpa a la lechuga. Sin embargo, si tenemos algún problema con nuestros amigos o nuestra familia, culpamos a la otra persona. Si sabemos cómo cuidar de los demás, crecerán bien, igual que la lechuga. La culpa no tiene ningún efecto positivo, ni tampoco tratar de persuadir a los demás con motivos o argumentos. Es lo que he aprendido por experiencia. No hay que culpar, persuadir o discutir con otra persona, solo hay que entenderla. Si entiendes, y demuestras a los demás que comprendes, podrás amar y cualquier situación difícil mejorará.

Un día, en nuestro centro de práctica *Fleur de Cactus* en los suburbios de París, di una conferencia sobre no culpar a la lechuga. Después de la charla, practicaba la meditación caminando yo solo y, al girar la esquina de un invernadero que había en el jardín, escuché que una niña de ocho años le decía a su madre: «Mamá, recuerda que tienes que regarme. Soy tu lechuga». Me complació que hubiera entendido al cien por cien a lo que me refería. Entonces, oí que la madre respondía: «Sí, cariño. Y yo también soy tu lechuga. Así que, por favor, tú tampoco te olvides de regarme». Fue muy bonito ver a la madre y la hija practicar juntas.

Las dos manos

Un día, intentaba colgar un cuadro en la pared: sujetaba un clavo con la mano izquierda y un martillo con la derecha. No estaba muy atento y, en vez de golpear el clavo, me di en el dedo. La mano izquierda empezó a sufrir. La mano derecha bajó el martillo y enseguida empezó a cuidar de la mano izquierda con delicadeza y compasión, como si estuviera cuidando de sí misma. No lo veía como una obligación. Fue algo muy natural: la mano derecha cuida de la mano izquierda como si estuviera cuidando de sí misma.

Mi mano derecha considera el sufrimiento de la mano izquierda como el suyo propio. Por eso hizo todo lo que pudo para cuidar de ella. Y la mano izquierda no se enfadó. No dijo: «¡Mano derecha, me has traicionado! Dame ese martillo, ¡quiero justicia!».

La mano izquierda no pensó de esa manera. Mi mano izquierda posee una sabiduría inherente, la sabiduría de la no discriminación. Cuando poseemos una sabiduría así dejamos de sufrir. Mi mano izquierda nunca se pelea con la mano derecha. Ambas manos gozan de armonía y comprensión. Si una de las manos sufre, la otra también; si una de las manos es feliz, las dos lo serán.

Mírate la mano

Tengo un amigo vietnamita, un artista, que ha pasado más de cuarenta años lejos de su país natal. No ha visto a su madre en todo ese tiempo. Cuando la echa de menos, solo tiene que mirarse las manos y se siente mucho mejor. Su madre, una mujer vietnamita tradicional, solo sabía leer unos pocos caracteres y nunca había estudiado filosofía occidental o ciencia. Aun así, antes de que su hijo se fuera de Vietnam, lo agarró de la mano y le dijo: «Cada vez que me eches de menos, mírate la mano, hijo mío. Me verás inmediatamente». Durante más de cuarenta años eso es lo que ha hecho y se ha mirado la mano muchas veces.

La presencia de su madre no es solo genética. Su espíritu, sus esperanzas y su vida también están presentes en él. Cuando se mira la mano, puede penetrar en profundidad en la realidad del tiempo eterno. Ve que miles de generaciones anteriores y miles de generaciones posteriores son parte de él. Desde tiempos inmemoriales hasta el momento presente su vida nunca se ha interrumpido, y su mano sigue ahí, como una realidad infinita.

A veces, cuando practico caligrafía, invito a mi madre, mi padre o a mi maestro a que dibujen los círculos conmigo. Al dibujar el círculo juntos, estoy en contacto con la idea de que no existe el yo, y se convierte en una práctica de meditación muy importante. La meditación, el trabajo, la alegría y la vida se convierten en uno solo.

Podemos notar la presencia de nuestro padre, nuestra madre y nuestros antepasados en cada célula de nuestro cuerpo. Nuestros padres no existen solo fuera de nosotros. Cada vez que somos capaces de respirar conscientemente y relajar el cuerpo y la mente, ellos también respirarán conscientemente y se relajarán al mismo tiempo en nosotros. Si podemos generar un sentimiento de alegría y compasión, la parte de nuestros padres que habita en nosotros también sentirá esa alegría y compasión.

Puede que no fueran lo bastante afortunados para practicar la conciencia plena y transformar su sufrimiento. Al mirarlos con los ojos de la compasión, podemos compartir con ellos nuestra propia alegría, paz y perdón.

¡Dame un poco de tabaco!

Durante los últimos años, las cárceles han tenido acceso a libros sobre meditación, a revistas e incluso a grabaciones de conferencias sobre la atención plena. A menudo recibo cartas de los reclusos, normalmente de cárceles de Norteamérica. Un preso me escribió: «Cuando me detengo en lo alto de la escalera y miro hacia abajo, veo a los otros reclusos corriendo arriba y abajo y percibo su sufrimiento, su inquietud. Desearía que pudieran hacer lo que yo hago y subieran y bajaran las escaleras con atención plena mientras se centran en la respiración. Cuando yo lo hago, me siento en paz conmigo mismo y, si estoy en paz conmigo mismo, puedo ver con mucha claridad el sufrimiento de los demás reclusos».

En otra ocasión, me contaron que un recluso en el corredor de la muerte había recibido dos copias de uno de mis libros, *Being Peace*. Le había gustado y había empezado a practicar la meditación sentada en su celda. Un día, el preso que estaba en la celda contigua empezó a dar golpes a la pared, a gritar y a pedirle tabaco.

Aunque el preso que meditaba había dejado de fumar, aún tenía un poco de tabaco. Tomó la primera página de *Being Peace,* envolvió un poco de tabaco con ella y la pasó a la otra celda con la esperanza de que la otra persona disfrutara de la lectura. Le dio una cantidad muy pequeña de tabaco y la siguiente vez que su vecino le pidió tabaco utilizó la segunda página, y luego, la tercera. Terminó por entregarle todo el libro, página a página, al otro recluso.

Al principio, el recluso había golpeado la pared y gritado y maldecido, pero pronto dejó de hacer tanto ruido. Con el tiempo se calmó. El día que soltaron al recluso de la celda contigua, al pasar por delante de la de su compañero, se miraron el uno al otro y recitaron juntos una de las frases del libro que ambos se sabían de memoria.

Es evidente que el castigo no es la única solución a un delito. Podemos hacer cosas mucho más efectivas y compasivas para ayudar a aquellos que han infringido la ley. Una vez me pidieron que escribiera una carta de apoyo a un recluso llamado Daniel, que estaba en el corredor de la muerte en Jackson, Georgia, en Estados Unidos.

Cuando cometió el delito tenía diecinueve años y había pasado treinta años, toda su vida adulta, entre rejas. Había leído uno de mis libros y le había parecido muy útil porque se acercaba el momento de su ejecución.

Le envié a Daniel una breve nota escrita a mano que decía en parte: «Muchas de las personas que te rodean sienten mucha ira, odio y desesperación que les impiden estar en contacto con el aire fresco, el cielo azul o el aroma de las rosas. Están como en una cárcel. Pero si practicas la compasión, si ves el sufrimiento de aquellos que te rodean e intentas hacer algo cada día para ayudarlos a sufrir menos, serás libre. Un día con compasión es más valioso que cien días sin ella».

Los que sufrimos menos en el exterior podemos hacer algo para ayudar a los que están allí dentro. La pena de muerte deja al descubierto nuestras debilidades y nuestra impotencia. No sabemos qué hacer y nos rendimos. Cuando la sociedad tiene que asesinar a sus ciudadanos es un grito de desesperación. Es posible conciliar la justicia con la compasión y demostrar que la verdadera justicia debe contener tanto compasión como comprensión.

La ola y el agua

Un amigo mío que era investigador científico atravesó una crisis espiritual enorme un invierno. Al enterarme, le mandé el dibujo de una ola sobre un mar suave como la seda. Debajo del dibujo escribí: «Como siempre, la ola vive la vida de una ola y, al mismo tiempo, la vida del agua. Cuando respiras, respiras por todos nosotros». Mientras escribía aquellas palabras, sentí que nadaba junto a él, que lo ayudaba a superar esa época difícil; afortunadamente, nos ayudó a los dos.

Muchas personas se ven a ellos mismos como olas y se olvidan de que también existe el agua. Están acostumbrados a vivir en el terreno del nacimiento y la muerte y se olvidan del terreno en el que no existen el nacimiento y la muerte. Igual que la ola vive la vida del agua, nosotros también vivimos la vida del no nacimiento y la no muerte. Tenemos que saberlo, estar en contacto con la realidad y vivir la vida del no nacimiento y la no muerte. El verbo saber aquí es muy importante. Saber es darse cuenta. Darse cuenta es conciencia plena. El trabajo de la meditación se basa en despertarnos para saber una cosa: que la vida y la muerte no pueden afectarnos de ninguna manera.

El *Googleplex*

En 2013, dirigí una jornada de práctica de conciencia plena para los trabajadores de la sede central de Google en California: ellos lo llaman el «Googleplex». En nuestra delegación había más de setenta monjes y monjas y más de setecientos empleados de Google que se habían inscrito a la jornada. Empezamos temprano por la mañana y dirigimos sesiones de meditación sentada, meditación caminando, comer con atención plena y relajación total: igual que una jornada de conciencia plena en Plum Village.

Los empleados de Google eran jóvenes, inteligentes y creativos; y vimos que se dedicaban de lleno a la práctica. La energía de concentración y presencia fue muy fuerte y practicaron muy bien. Creo que el motivo por el que practicaron tan incondicionalmente fue porque sufrían. Estaban ansiosos por descubrir una práctica espiritual que los ayudara a sufrir menos. Sabíamos que habían trabajado muchísimo. Todas las empresas luchan por obtener el éxito y sienten el fuerte deseo de ser «los números uno». Por eso, muchos jóvenes dedican todo su tiempo y energía a su trabajo, a su empresa, y no tienen tiempo de cuidar de su cuerpo, sentimientos, emociones y relaciones. Incluso aunque dispongan de algo de tiempo, puede que no sepan qué hacer con él para cuidar de su cuerpo y mente de verdad.

Compartí con todos ellos cómo practicar la meditación caminando y empezamos la jornada caminando despacio, conscientemente y en silencio por las instalaciones. Después de unos quince minutos, nos sentamos en silencio, sin mediar palabra. Yo sujetaba una taza de té con ambas manos y disfrutaba de la bebida cuando empezó a llegar más gente para sentarse junto a mí y centrarse en su respiración. Nos sentamos allí pacíficamente durante mucho tiempo, y disfrutamos del silencio y la tranquilidad de la mañana. Mientras tanto, muchos trabajadores llegaban al trabajo y cada vez que alguien giraba la esquina, se detenían de repente, sorprendidos. Veían que pasaba algo: mucha gente estaba sentada sin hacer nada, aparte de respirar. ¡Había tanto silencio! Era algo completamente nuevo e inesperado. El tiempo era más que el dinero. El tiempo era paz; el tiempo era vida.

Muchos estamos tan ocupados y trabajamos tanto que no tenemos tiempo para vivir. El trabajo puede acaparar toda nuestra vida. Incluso puede que seamos adictos al trabajo, no solo porque necesitemos el dinero, sino porque no sabemos cómo lidiar con el sufrimiento y la soledad que hay en nuestro interior, y por eso nos refugiamos en nuestro trabajo. Hay veces que no sabemos qué hacer con la soledad, el dolor y la desesperación que nos inundan e intentamos buscar algo que lo encubra. Comprobamos el correo, agarramos un periódico, escuchamos las noticias, cualquier cosa con tal de olvidar la soledad y el sufrimiento. Nuestro cuerpo y mente están inquietos y no sabemos qué hacer. Tratamos de sentarnos, pero es como si lo hiciéramos en brasas ardientes. Puede que demos un paseo, pero es como si camináramos sobre el fuego.

Cuando la energía de la inquietud se manifiesta, tenemos que admitir lo que ocurre y decir: «Hola, inquietud. Sé que estás ahí. Yo cuidaré de ti». Después, debemos empezar a practicar la respiración consciente y devolver la mente a casa, al cuerpo. Solo cuando unas la mente y el cuerpo y te sitúes en el aquí y el ahora, podrás estar en contacto con la vida y cuidar de tus sentimientos. Entonces, la naturaleza y todas sus maravillas se revelarán ante ti. Si seguimos trabajando tan duro, no tendremos tiempo suficiente para vivir; no tendremos tiempo suficiente para estar en contacto con las maravillas de la vida y obtener el sustento y curación que necesitamos. Debemos comprender esto para liberarnos de nuestra inquietud. En el país del momento presente podemos curarnos y disfrutar profundamente de la vida.

¿Está Buda en el coche?

En Vietnam, igual que en otros países budistas, los ciudadanos suelen tener una estatua de Buda en el coche, camioneta o autobús para que los proteja contra accidentes y lesiones.

Un día, tomé el autobús y le pregunté al acompañante del conductor: «¿Cree que Buda está en este autobús con nosotros?». Él respondió: «Sí, creo que sí». Yo le contesté: «¿Está seguro?».

Es muy fácil averiguar si Buda está en un autobús o no. Si en él hay cincuenta personas y solo hay una que respire con atención plena, entonces puede decirse que Buda está en el autobús. Si no hay solo una persona, sino dos, tres o incluso cinco que respiran conscientemente y disfrutan de las vistas tranquilamente, entonces podemos estar seguros de que Buda está presente de verdad, y no solo en modo estatua.

Al conducir un coche, solo necesitamos que uno de los pasajeros respire conscientemente para saber que Buda está con nosotros. Con la presencia de Buda, el autobús o coche se transformará en un lugar de meditación y consciencia. Con Buda en el coche, todo el mundo estará más seguro y protegido por su energía de conciencia plena.

La presencia de Buda, la energía del despertar, puede acompañarnos en cada momento de nuestras vidas. Antes de arrancar el coche, podemos preguntarnos: «¿Está Buda en el coche?». Si somos capaces de respirar conscientemente, sentiremos la presencia de Buda enseguida y su energía nos protegerá mientras conducimos. La presencia de Buda en el coche hace que merezca la pena vivir cada momento de un viaje. Cuantas más personas respiren conscientemente, más fuerte será la presencia de Buda. Sin embargo, a menudo nos olvidamos de que con nuestra respiración consciente tenemos un gran poder: el poder de hacer que Buda se manifieste en ese mismo instante en el coche.

En uno de nuestros peregrinajes a la India hicieron falta once autobuses para transportar a nuestra delegación de más de trescientos practicantes, y en cada autobús había una estatua de Buda. Pero tener una estatua de Buda, tanto si está hecha de plástico simple como de un jade muy valioso, no asegura que Buda esté en el coche. Lo único que garantiza la presencia de Buda es que por lo menos una persona respire conscientemente.

Yo mismo practicaba la respiración consciente, pero quería asegurarme de que Buda estuviera presente en todos los autobuses, no solo en el mío. Por eso sugerí que cada autobús debía tener una alarma, y que de vez en cuando esta recordara a todos que respiraran conscientemente. Si todo el mundo respira conscientemente, podremos asegurar la presencia de Buda en el autobús.

Dondequiera que estemos, todo coche debería tener una alarma que suene para recordarnos que debemos centrarnos en nuestra respiración y volver al momento presente. Es lo que nos protegerá de verdad. No una estatua de Buda, sino nuestra propia atención plena.

Caminar por senderos rurales

Me gusta caminar por senderos rurales en los que los pastos verdes bordean el camino. Sitúo cada pie en la tierra con la conciencia plena, y sé que camino por la maravillosa Tierra. En momentos así, la existencia se convierte en una realidad milagrosa y misteriosa. La gente considera un milagro caminar sobre el agua o en el aire, pero yo creo que el verdadero milagro no es ni caminar por el agua ni en el aire, sino caminar sobre la Tierra. Cada día vivimos un milagro sin ni siquiera darnos cuenta: el cielo azul, las nubes blancas, las hojas verdes, los ojos curiosos de un niño. Todo es un milagro.

Cuando caminamos, no lo hacemos solos. Nuestros padres y nuestros antepasados caminan con nosotros. Están presentes en cada célula de nuestro cuerpo, por lo que cada paso que nos cura y nos da felicidad también cura y da felicidad a nuestros padres y antepasados. Cada paso consciente tiene el poder de transformarnos a nosotros y a todos los antepasados que viven en nuestro interior, incluyendo a nuestros antepasados animales, vegetales y minerales. No caminamos solo por nosotros, sino que lo hacemos por nuestra familia y por el mundo entero.

Un paso

Uno de los días de un recorrido de enseñanza por China, nuestra delegación de Plum Village tuvo la oportunidad de escalar el monte Wutai Shan. Nuestra guía turística había llevado al monte a muchos grupos, tal vez incluso a cientos de ellos. Pero ese día, en vez de que nos llevara ella, le propusimos que nos siguiera, porque nosotros teníamos una manera particular de caminar.

Al pie de la montaña le enseñé cómo caminar. Inhalamos y damos un paso; exhalamos y damos el siguiente. Como hay cientos de pasos y queremos disfrutar de todos ellos, nuestro objetivo no es llegar a la cima de la montaña, sino obtener paz y alegría con cada paso. Tuvimos que caminar por el lado derecho de las escaleras mientras subíamos. Nos adelantaron muchos grupos. Se giraban, nos fulminaban con la mirada y trataban de descubrir quiénes eran los que subían el monte a paso de tortuga. Para la guía turística no fue fácil. Recuerdo el paseo con claridad. Inhalaba y colocaba el pie izquierdo en un escalón y, entonces, exhalaba y levantaba el pie derecho. Pudimos hacerlo de modo que con cada paso sentíamos placer y alegría. Nos deteníamos cada diez pasos para mirar abajo y disfrutar de la vista mientras seguíamos respirando. Entonces, continuábamos. Los turistas estaban sin aliento cuando llegaron a la cima de la montaña, pero nosotros, por el contrario, no estábamos nada cansados.

En nuestra delegación había una monja que sabía hablar chino, y en el autobús escuchó que la guía turística le decía a su compañero: «Ese monje es increíble. He llevado a cientos de grupos a la cima de la montaña y siempre llego exhausta. Pero hoy, y por primera vez, he llegado sintiéndome revitalizada. De verdad que es increíble». Por aquel entonces, los guías turísticos en China debían presentar informes a la policía sobre las actividades que los visitantes llevaban a cabo. Ella continuó: «He terminado el informe sobre lo que han hecho y lo que el monje ha dicho hoy. Pero todavía no lo he presentado, porque lo que ha dicho es tan interesante que quiero hacer una fotocopia y quedármelo».

Así que, tanto si recorres la estación de tren, el aeropuerto o la orilla de un río, asegúrate de que cada paso que des te aporte alegría, relajación y felicidad. Cada paso puede ser curativo, tanto si caminas con otras personas como si lo haces solo. No deberíamos perdernos ni un solo paso. Con cada paso llegamos a nuestra vida. Cada paso nos ayuda a dejar de correr: correr no solo con el cuerpo, sino también con la mente. Correr se ha convertido en un hábito y no somos capaces de disfrutar de la vida en el aquí y el ahora. Incluso mientras dormimos, seguimos corriendo en sueños. Por eso, llegar de verdad y detenerse con cada paso es como un entrenamiento. Debemos entrenarnos para dejar de correr.

Cada vez que caminas, aunque sea una distancia corta desde tu casa a la parada del autobús, o del aparcamiento al lugar de trabajo, puedes elegir caminar de modo que cada paso te aporte alegría, paz y felicidad. Puede que quieras recordar que otros también caminan así, y podemos sentirnos conectados los unos con los otros. Ese vínculo es muy importante. No te sientes conectado por el mero hecho de tener un teléfono. Yo nunca he tenido un teléfono móvil y aun así nunca me he sentido desconectado de nadie. Lo que nos conecta es nuestra forma de caminar consciente, los pasos conscientes. Así que si quieres conectar con los demás, lo único que tienes que hacer es practicar la meditación caminando cada mañana después del desayuno y de camino al trabajo. Al caminar así, con paz y libertad, conectaremos inmediatamente.

Pertenecer

Cuando era pequeño, las familias eran más grandes. Padres, primos, tíos, tías, abuelos y niños vivían juntos. Las casas estaban rodeadas de árboles en los que las familias podían colgar hamacas y organizar picnics. La gente no tenía los problemas que tenemos ahora.

Cuando la madre y el padre discutían, los niños podían escaparse corriendo hacia una tía o un tío. Podían hallar refugio en otras personas aparte de sus padres.

La familia nuclear, que consiste en dos padres y un par de niños, es un invento relativamente reciente. A veces, en una familia tan pequeña no hay aire suficiente para respirar. Los problemas que hay entre los padres afectan a toda la familia. El ambiente de la casa es un ambiente cargado y no hay ningún lugar en el que refugiarse.

Puede que a veces un niño vaya al baño y se encierre para estar solo, pero sigue sin haber escapatoria; el ambiente cargado también se filtra en el baño. Así que el niño crece con muchas semillas de sufrimiento que más adelante transmitirá a sus propios hijos.

Todos tenemos la necesidad fundamental de pertenecer, de sentirnos a salvo, vivos y bienvenidos. Podemos transformar nuestra propia familia o ambiente familiar en un lugar en el que esto sea posible. Juntos podemos practicar, respirar y sonreír, sentarnos y beber té juntos con atención plena. Si tenemos una campana, la campana también será parte de la comunidad, porque nos ayudará a practicar, nos llamará para que regresemos a nosotros mismos, al momento presente. Si tenemos un cojín de meditación, el cojín también formará parte de la comunidad.

Hay muchas cosas que pueden ayudarnos a practicar la atención plena: incluso el aire que respiramos. Si vivimos cerca de un parque o de la orilla de un río, podemos practicar allí la meditación caminando, y el parque o el río formarán parte de nuestra comunidad. Tenemos que establecer una comunidad en casa. De vez en cuando podemos invitar a un amigo a que se nos una. Tenemos que expandir nuestra definición de familia para incluir no solo a nuestros amigos y a nuestra comunidad, sino también al sol, al cielo, a los árboles, a los pájaros y a las colinas que nos rodean. Practicar la conciencia plena es mucho más sencillo cuando lo hacemos acompañados.

Un *bodhisattva* feroz y amable

Cuando traspasas la verja de un templo budista es muy probable que a la izquierda veas la estatua de una figura amable con una sonrisa acogedora. No obstante, a la derecha verás una figura con un rostro feroz que blande un arma. El rostro le arde de furia y de sus ojos y boca brotan columnas de humo y llamas.

Ambas figuras son *bodhisattvas:* seres que han dedicado toda su vida a poner fin al sufrimiento de otras personas. La figura feroz es la que tiene la capacidad de mantener a raya a los espíritus del hambre. Cada vez que organizamos una ceremonia para ofrecer comida y bebida a los fantasmas hambrientos, las almas perdidas y errantes, tenemos que invocar al *bodhisattva* del rostro encendido para que venga a ayudarnos. Los fantasmas hambrientos solo lo escuchan a él porque tiene una mirada feroz que les dice: «¡Será mejor que os comportéis; si no, os vais a enterar!». Así que, cuando veas a alguien con el rostro feroz, no puedes decir necesariamente que sea una persona malvada. Puede que sea un verdadero *bodhisattva.* Quizá da mucho miedo, pero en el interior guardan el corazón de un *bodhisattva.* Puedes ser muy firme, pero puedes ser muy compasivo al mismo tiempo.

Si eres un *bodhisattva* amable, tienes que ser compasivo y comprensivo de verdad. Si eres el *bodhisattva* feroz y con el rostro enrojecido y demuestras firmeza y fuerza, también debes tener buen corazón y ser muy comprensivo.

El astronauta

Imagina a un astronauta que va a la luna. Después de aterrizar, algo va mal con la nave espacial y no puede despegar de nuevo para regresar al planeta Tierra. El centro de control de misión de la NASA en Houston son incapaces de ponerse en contacto con él. Saben que tiene oxígeno para poco tiempo y no el suficiente para que lleguen otros a rescatarle. En esos últimos momentos de su vida, ¿en qué crees que piensa? ¿Qué quiere?

En la luna no es posible caminar conscientemente como lo hacemos en la Tierra. Lo único que puedes hacer es saltar, porque hay muy poca gravedad. Tal vez el astronauta se acuerda de lo hermosa que es la vida en la Tierra. Cuando miramos a la luna desde la Tierra puede que creamos que es hermosa. Pero si estuviéramos en la luna y miráramos hacia la Tierra, veríamos la magnificencia de la Tierra.

Hemos vivido en este planeta durante muchos años pero, aun así, ¿hemos estado alguna vez en contacto de verdad con las maravillas de vivir en la Tierra? Discutimos con una persona, estamos celosos de otra, perseguimos esto y aquello e ignoramos la belleza que nos rodea. No nos damos cuenta del milagro que supone ser capaces de caminar por este hermoso planeta.

Si le preguntaran al astronauta atrapado en la luna que es lo que más le gustaría, probablemente diría que su mayor deseo sería regresar a la Tierra. No querría una casa o un coche nuevos. Probablemente, lo único que querría sería caminar por el bonito planeta Tierra. Todos los demás deseos serían insignificantes en comparación.

Por suerte, en el último momento, llega una nave de rescate y el astronauta logra regresar a la Tierra. Todos somos como el astronauta rescatado. Tenemos la capacidad de dar pasos felices, ligeros y libres en nuestro bonito planeta Tierra. Debemos recordar lo valioso que es eso.

Durante la práctica del caminar consciente tenemos la oportunidad de entrar en profunda comunión con el planeta Tierra y darnos cuenta de que es nuestro hogar. Una inhalación, un paso es todo lo que necesitamos para sentirnos en casa y cómodos en el aquí y el ahora. Con cada inhalación podrás devolver el cuerpo y la mente al momento presente. Ya no tendrás que perseguir nada más. La Tierra está justo ahí; te sentirás completamente satisfecho en el momento presente. No te faltará nada más.

Caminar conscientemente puede aportarnos una felicidad inmensa. Cada uno de nuestros pasos nos nutrirá el corazón, la mente y el cuerpo. Tenemos muchas más condiciones para ser felices de las que creemos. La meditación caminando es una forma de volver a nosotros mismos. Podemos volver en un abrir y cerrar de ojos. Se tarda mucho tiempo en ir a la luna y volver, pero basta solo con una inhalación para regresar a tu verdadero hogar.

Hoja de otoño

Un día me detuve cuando estaba a punto de pisar una hoja seca. Al mirarla más de cerca, me fijé en que en realidad la hoja no estaba marchita; se mezclaba con la tierra húmeda y se preparaba para salir del árbol en la primavera siguiente de otra forma. Le sonreí a la hoja y dije: «Solo estás fingiendo».

Todo finge nacer y finge morir, incluso la hoja que estuve a punto de pisar. Buda dijo: «Cuando se dan las condiciones suficientes, el cuerpo queda al descubierto y decimos que el cuerpo existe. Cuando no se dan las condiciones necesarias, no podemos percibir el cuerpo y decimos que no existe». El día de nuestra supuesta muerte es el día en el que continuamos de muchas otras formas. Llegar a esta verdad es una práctica muy profunda que ayudará a aliviar nuestros miedos más arraigados.

«Nirvana» quiere decir extinción, la extinción de todas las ideas y conceptos, incluidos los conceptos de nacimiento, muerte, ser, no ser, ir y venir. El nirvana es la dimensión final de la vida, un estado de tranquilidad, paz y alegría. No es un estado que se logre después de la muerte. Puedes estar en contacto con el nirvana ahora mismo al respirar, caminar y beber té con atención plena.

Encontrar el hogar

Una vez oí la historia de un joven japonés norteamericano que entró en una cafetería. Mientras se bebía el café, escuchó a dos jóvenes hablar en vietnamita y llorar. El japonés norteamericano les preguntó por qué lloraban y uno de los hombres vietnamitas le respondió: «No podemos regresar a nuestro país natal. El gobierno nos ha prohibido volver».

Visiblemente afectado, el japonés norteamericano les respondió: «Eso no es motivo para llorar. Aunque estéis exiliados y no podáis volver, por lo menos tenéis un país, un lugar al que pertenecéis. Yo no tengo país al que regresar. Nací y crecí en Estados Unidos y, aunque parezco japonés, culturalmente soy estadounidense. Pero los estadounidenses no me aceptan de verdad; me ven como a un asiático, un extranjero. Así que volví a Japón e intenté convertirlo en mi hogar. Pero cuando llegué allí, los japoneses me dijeron que no hablaba o actuaba como un japonés, así que tampoco me aceptaron. A pesar de que tengo un pasaporte estadounidense, a pesar de que puedo ir a Japón, no tengo un hogar. Pero vosotros lo tenéis».

Hay mucha gente joven que nació y creció en Estados Unidos, pero que no se siente aceptada como estadounidense por otros estadounidenses. Se sienten tristes y quieren volver para encontrar su hogar. Piensan: «Si mi hogar no está en Estados Unidos, tiene que estar en otra parte». Pero tampoco encajan en su país de origen. Muy pocos sentimos que estamos en nuestro verdadero hogar. Incluso si somos lo bastante afortunados de tener una nacionalidad, ciudadanía y un pasaporte, muchos seguimos buscando el lugar al que pertenecemos.

¿Tienes un hogar? ¿Tienes un hogar en el que te sientes verdaderamente cómodo, tranquilo y en paz?

Hay ciudadanos estadounidenses que han estado viviendo en el país durante mucho tiempo, a menudo durante generaciones, pero siguen sin sentirse bienvenidos. En Vietnam hay muchas personas que no se sienten aceptadas o comprendidas por su país o que no sienten que tengan un futuro allí, por eso quieren marcharse.

¿Quién de nosotros tiene un hogar de verdad? ¿Quién se siente lo bastante cómodo en su casa, en su país natal? Tengo un hogar, y me siento muy cómodo en mi hogar, aunque me exiliaron de Vietnam durante casi cuarenta años. A pesar del exilio no sufro, porque he encontrado mi verdadero hogar. Mi verdadero hogar no se encuentra en Plum Village, en Francia. Mi verdadero hogar no está en los Estados Unidos. Mi verdadero hogar no se encuentra limitado a un lugar o tiempo específicos.

Mi verdadero hogar no puede definirse en términos de lugar o cultura. Decir que en términos de cultura o nacionalidad soy vietnamita es algo simplista. No tengo un pasaporte o carné de identidad vietnamita así que, desde el punto de vista legal, no soy vietnamita. Genéticamente no existe una raza llamada «vietnamita». Si me miras, verás en mí elementos melanesios, indonesios, mongoles o africanos. De hecho, la raza vietnamita está compuesta exclusivamente de elementos no vietnamitas. Y eso puede aplicarse a cualquier nacionalidad. Entender esto nos hará libres. Todo el cosmos se ha unido para que existas.

La vida es nuestro verdadero hogar

En la tradición budista, una sesión de meditación caminando siempre empieza con el sonido de una campana. Este sonido es un recordatorio discreto de que regresemos a nuestro hogar, a nosotros mismos.

Nuestra casa es el momento presente, lo que sea que está ocurriendo ahí mismo y en ese mismo momento. Nuestro verdadero hogar es un lugar sin discriminación, un lugar sin odio. Nuestro verdadero hogar es el lugar en el que dejamos de buscar, anhelar y arrepentirnos de algo. Cuando regresemos al aquí y al ahora con la energía de la conciencia plena, podremos establecer nuestro verdadero hogar en el momento presente.

El verdadero hogar es algo que debes crear por ti mismo. Cuando sepamos cómo hacer las paces con el cuerpo, cuidar de él y liberar la tensión que hay en él, entonces nuestro cuerpo se convertirá en un hogar cómodo y pacífico al que podremos regresar en el momento presente. Cuando sepamos cómo cuidar de nuestros sentimientos, cuando sepamos generar alegría y felicidad y sobrellevar un sentimiento doloroso, podremos cultivar y restaurar un hogar feliz en el momento presente. Y cuando sepamos generar energías de comprensión y compasión, nuestro hogar será un lugar acogedor y agradable al que regresar. Pero si no somos capaces de hacer todas estas cosas, no querremos regresar a nuestro hogar. El hogar no es algo que deba desearse, sino algo que debe cultivarse. No existe el camino a casa; la casa es el camino.

La liberación está en el momento presente. Podemos estar en contacto con todos nuestros antepasados espirituales y biológicos en el presente. Tenemos que aprender a centrarnos en el momento presente e introducirnos en él para descubrir nuestro verdadero hogar. Cuando sentimos a nuestros antepasados en nuestro interior ya no tenemos que preocuparnos o sufrir.

Cuando dejemos de tratar de encontrar el hogar fuera de nosotros (en el espacio, el tiempo, la cultura, el territorio, la nacionalidad o la raza), encontraremos la verdadera felicidad.

El verdadero hogar no es una idea abstracta. Es una realidad sólida que podemos tocar en todo momento con los pies, las manos y la mente. Si sabemos esto, nadie podrá quitarnos el verdadero hogar. Incluso si invaden nuestro país o nos encarcelan, seguiremos teniendo nuestro verdadero hogar y nadie podrá arrebatárnoslo. Me dirijo a todos los que habéis sentido que nunca habéis tenido un hogar. Me dirijo a los padres que sienten que el país que han dejado atrás ya no es su hogar, pero que su nuevo país tampoco lo es todavía. Todos podemos practicar para encontrar el verdadero hogar y ayudar a nuestros hijos a que también encuentren el suyo.

Puede que os preguntéis si los momentos más maravillosos de vuestra vida ya han pasado. O puede que penséis que el momento más feliz de vuestra vida todavía no ha llegado. Pero este es el momento que hemos estado esperando. Buda dijo: «Tenéis que convertir el momento presente en el momento más maravilloso de vuestras vidas».

No estoy aquí

Una de mis discípulas en Vietnam quiere construir una estupa para guardar mis cenizas cuando muera. Ella y otros quieren incluir una placa con las palabras: «Aquí yace mi estimado maestro». Yo les dije que no desperdiciaran los terrenos del templo. «¡No vayáis a ponerme en un tarro pequeño y dejarme allí!», les dije. «No quiero continuar así. Sería mejor esparcir las cenizas en el exterior para ayudar a los árboles a crecer».

Les sugerí que, si todavía insisten en construir una estupa, pusieran en la placa: «No estoy aquí». Pero, en caso de que la gente no lo comprenda, podrían añadir una segunda placa: «Tampoco estoy allí fuera». Si la gente sigue sin entenderlo, entonces podrían añadir una tercera y última placa: «Podréis encontrarme en vuestra forma de respirar y caminar».

Mi cuerpo se desintegrará, pero mis acciones serán mi continuación. En mi vida diaria, siempre practico para ver mi continuación a mi alrededor. No tenemos que esperar a la desintegración total del cuerpo para continuar: continuamos en todo momento. Si creéis que solo soy este cuerpo, entonces no me habéis conocido de verdad. Cuando miréis a mis amigos, veréis mi continuación. Cuando veáis a alguien caminando con atención plena y compasión, sabréis que es mi continuación. No entiendo por qué tenemos que decir «Voy a morir» porque yo ya me veo en ti, en otras personas y en generaciones futuras.

Incluso cuando la nube ya no está, continúa en forma de nieve o lluvia. Es imposible que una nube muera. Puede convertirse en lluvia o hielo, pero no puede convertirse en nada. La nube no precisa de un alma para continuar. No hay principio ni fin. Nunca moriré. Mi cuerpo se desintegrará, pero eso no quiere decir que vaya a morir. Continuaré, siempre.

Sobre Thich Nhat Hahn

Thich Nhat Hanh nació como Nguyen Xuan Bao en el Vietnam central en 1926, durante la ocupación colonial francesa. Durante su juventud, le conmovieron profundamente las imágenes de Buda irradiando paz en un gran contraste con la lucha y el sufrimiento del que había sido testigo. A los dieciséis años, pidió permiso a sus padres para convertirse en monje e ingresó en el monasterio Tu Hieu de Hue para ordenarse como monje novicio en la escuela de tradición zen vietnamita Linji (en japonés, Rinzai).

Nhat Hanh vivió en los bosques y jardines de Tu Hieu con su comunidad de hermanos monjes y estudió y practicó bajo la supervisión del abad, un maestro sabio y con experiencia que quería y comprendía a sus estudiantes.

Después de tres años, Nhat Hanh dejó Tu Hieu para ingresar en el Instituto Budista de Hue. Más adelante, viajó a Saigón, el centro del movimiento para renovar el budismo y acercarlo a la vida diaria de las personas y a la realidad de la sociedad moderna. Fundó la Universidad de Van Hanh, un Instituto de Estudios Superiores Budistas, y lo nombraron editor del periódico *Budismo Vietnamita,* que dio voz a los pensadores innovadores budistas y promovió la unión de todas las escuelas budistas de Vietnam.

Dos años después, la directiva budista conservadora clausuró el periódico. Nhat Hanh continuó enseñando y escribiendo, y sus obras seguían oponiéndose a la directiva budista y al régimen represivo y dictatorial de Diem.

En 1961, Nhat Hanh viajó a Estados Unidos a estudiar religión comparada en la Universidad de Princeton. En 1962, le ofrecieron un puesto de profesor en la Universidad de Columbia. Después de la caída del régimen de Diem en 1963, la directiva budista se mostró más dispuesta a reformarse, por lo que Nhat Hanh acortó su estancia en Estados Unidos y regresó a Vietnam en 1964 para cumplir un sueño, la formación de la Iglesia Budista Unificada, que hermanó a todas las congregaciones budistas de Vietnam.

La guerra de Vietnam siguió intensificándose, y causó cada vez más y más caos y devastación en las ciudades y en el campo. Se destruyeron aldeas por completo, lo cual generó la aparición de muchos refugiados. En 1964, Nhat Hanh fundó la Escuela para el Servicio de Ayuda Social (SYSS) y formó a trabajadores sociales jóvenes, tanto monásticos como laicos, para que visitaran las aldeas, vivieran con la gente y los ayudaran a reconstruir y reorganizar las aldeas y reubicar a los refugiados. Debido a su negativa a tomar partido y su única intención de ayudar a los ciudadanos, Nhat Hanh y los trabajadores de la SYSS se ganaron la desconfianza de las fuerzas comunistas y estadounidenses por igual. No obstante, su amor, dedicación y forma ética de trabajar hizo que se ganaran el cariño de muchos. En aquella época, muchos de los estudiantes, amigos y compañeros de Nhat Hanh fueron asesinados o resultaron heridos.

Mientras la guerra iba en aumento, Nhat Hanh decidió volver al origen de la guerra. En mayo de 1966, la Universidad de Cornell lo invitó a hacer unos seminarios. Después de tres semanas de clases, visitó al doctor Martin Luther King Jr., quien más delante lo nominaría al Premio Nobel de la Paz. Nhat Hanh viajó hasta Washington para pedir la paz e iniciar una gira de conferencias por Norteamérica para informar a los ciudadanos estadounidenses de los efectos devastadores que la guerra tenía en los habitantes de Vietnam. Fue por aquel entonces cuando Nhat Hanh conoció y causó muy buena impresión al monje trapista Thomas Merton, el Secretario de Defensa Robert McNamara. Cuando el gobierno de Vietnam del Sur se enteró de aquellas actividades se negaron a permitir el regreso de Nhat Hanh a Vietnam y lo exiliaron en Occidente, y acabó instalándose en Francia.

Fueron tiempos solitarios y difíciles para Nhat Hanh. Por aquel entonces, había muy pocos vietnamitas fuera de Vietnam. Todos a los que conocía, su trabajo y sus estudiantes se encontraban en Vietnam. Sin embargo, con el tiempo llegó a conocer a la gente, los árboles, los pájaros y los frutos y las flores de Occidente. Hizo amigos adultos y niños en cualquier país en el que se encontrara y empezó a sentirse en casa en cualquier parte. Se hacía amigo de la gente dondequiera que fuera, ya fueran curas católicos, pastores protestantes, rabinos, imanes o trabajadores humanitarios. Nhat Hanh siguió realizando giras de conferencias por Norteamérica, Europa y Asia para compartir sus prácticas del *mindfulness* y expresar el deseo de los vietnamitas de que la guerra finalizara. En 1969, lo nombraron representante de la Delegación Budista por la Paz en los Acuerdos de París y expresó el deseo de los vietnamitas de que la guerra llegara a su fin.

El final de la guerra llegó por fin en 1975, pero el régimen comunista, el nuevo gobierno de Vietnam, seguía sin estar dispuesto a permitir que Nhat Hanh regresara a casa. Se ilegalizó la Iglesia Budista Unificada y muchos de los monjes que la dirigían fueron encarcelados. En 1976, mientras se encontraba en una conferencia en Singapur, se enteró de la situación de los refugiados vietnamitas, que habían dejado el país mediante botes. Muchos de ellos murieron en el mar, ya que no eran botes aptos para navegar, con poca o ninguna comida o agua, quedaban a merced de las tormentas y los piratas. Si por fin conseguían llegar a tierra firme, a menudo se les volvía a empujar al mar porque muchos de los países no aceptaban refugiados o aceptaban una cuota muy baja de los mismos.

Nhat Hanh y sus asistentes alquilaron botes y, junto a otros amigos europeos, llevaban comida y bebida a los refugiados y hacían gestiones con pescadores para encontrar un lugar en el que los refugiados pudieran desembarcar. Al mismo tiempo, se esforzaban por informar al mundo de la grave situación de los refugiados en un intento de influenciar a los gobiernos de todo el mundo a aumentar los cupos y permitir que los refugiados se reasentaran.

Tras su regreso de Singapur, Nhat Hanh siguió viviendo en Francia y organizando retiros y compartiendo sus enseñanzas en muchos países. Siguió respaldando el trabajo social en Vietnam y trabajando para que se liberara a los monjes encarcelados. Fundó una ermita a las afueras de París, la Comunidad de los Boniatos, a la que acudía para caminar por el bosque, cultivar verduras, escribir y practicar.

En 1982, cuando se le quedó pequeña para el gran número de estudiantes que querían visitarlo y practicar con él, Nhat Hanh fundó Plum Village, un centro de práctica y monasterio en el sureste de Francia en el que todavía vive. En la actualidad, hay nueve centros de práctica y monasterios por todo el mundo como, por ejemplo, en Estados Unidos, Europa, Asia y Australia, en los que sus estudiantes monásticos, que hoy ascienden a más de setecientos, comparten prácticas de conciencia plena de a lo que ahora se conoce como la tradición Plum Village. También existen más de mil Sanghas laicas, comunidades en las que los habitantes practican juntos, por todo el mundo.

En 2004, el gobierno vietnamita invitó a Nhat Hanh a visitar Vietnam tras casi cuarenta años en el exilio. Durante su estancia de tres meses en 2005, dirigió retiros para monjes, monjas y laicos: sobre todo gente joven de todo el mundo. Mantuvo diálogos exhaustivos con líderes de la comunidad budista, así como jefes del gobierno y del Partido Comunista. Regresó de nuevo en 2007 para dirigir ceremonias en memoria de aquellos que habían fallecido en la guerra y para traer paz, curación y reconciliación a los supervivientes, para que no transmitieran su sufrimiento a las generaciones más jóvenes. Visitó Vietnam por última vez en 2008.

Nhat Hanh continuó viajando sin descanso por todo el mundo para enseñar y dirigir retiros hasta finales del 2014, cuando sufrió un derrame cerebral severo. En una carrera docente que abarca sesenta y cinco años, Nhat Hanh ha enseñado a cientos de miles de personas de cada continente y de todas las clases sociales. Ha dirigido retiros para familias, trabajadores de atención sanitaria, gente de negocios, veteranos, jóvenes, psicoterapeutas, profesores, artistas, ecologistas, miembros del congreso y parlamentarios. Muchos de estos estudiantes y amigos se refieren a Nhat Hanh con el apodo cariñoso de «Thay», que significa «maestro» en vietnamita. En su octogésimo cumpleaños, cuando le preguntaron si se había planteado retirarse, Nhat Hanh respondió: «Enseñar no solo consiste en hablar. Se basa también en tu forma de vivir la vida. Mi vida es mi enseñanza. Mi vida es mi mensaje».

Miembros monásticos y laicos practican el arte de vivir consciente de la tradición de Thich Nhat Hanh en comunidades de retiro por todo el mundo. Para ponerte en contacto con cualquiera de estas comunidades, o para obtener más información sobre individuales y familias que se unen a la práctica, puedes escribir a:

Plum Village
13 Martineau
33580 Dieulivol, Francia

NH-office@plumvillage.org (para mujeres)
LH-office@plumvillage.org (para mujeres)
UH-office@plumvillage.org (para hombres)
www.plumvillage.org

Monasterio Blue Cliff
3 Mindfulness Road
Pine Bush, Nueva York, 12566
Tel: (845) 733-4959
www.bluecliffmonastery.org

Monasterio Deer Park
2499 Melru Lane
Escondido, California, 92026
Tel: (760) 291-1003
Fax: (760) 291-1172

www.deerparkmonastery.org
deerpark@plumvillage.org

Monasterio Magnolia Grove
123 Towles Road
Batesville, Misisipi, 38606
Tel: (662) 563-0956
Fax: (760) 291-1172
www.magnoliagrovemonastery.org
office@magnoliagrovemonastery.org

Una parte de los ingresos recaudados por este libro se destina a la difusión de la obra y las enseñanzas de Thich Nhat Hanh. Para más información sobre cómo puedes aportar tu granito de arena, visita las siguientes webs:

www.thichnhathanhfoundation.org
www.escuelasdespiertas.org
www.tnhspain.org
www.vivirdespiertos.org

The Mindfulness Bell es una revista sobre el arte de vivir consciente según la tradición de Thich Nhat Hanh que Plum Village publica tres veces al año.
Para suscribirte o acceder al directorio internacional de Sanghas, visita: www.mindfulnessbell.org

Esperamos que haya disfrutado
de *Mi casa es el mundo,*
de Thich Nhat Hanh.
Esperamos que haya disfrutado de la lectura
y le invitamos a visitarnos
en www.kitsunebooks.org,
donde encontrará más información
sobre nuestras publicaciones.

Recuerde que también puede seguir
a Kitsune Books en redes sociales
o suscribirse a nuestra *newsletter*.